FACULTÉ DE DROIT DE L'UNIVERSITÉ DE PARIS

DJIBOUTI

CRÉATION D'UNE COLONIE FRANÇAISE

THÈSE POUR LE DOCTORAT

L'ACTE PUBLIC SUR LES MATIÈRES CI-APRÈS

Sera présenté et soutenu le Samedi 10 Novembre 1900 à 9 heures 1/2

PAR

Maurice BERNARD-DUTREIL

Président : M. LÉVEILLÉ, *professeur.*
Suffragants { MM. ESTOUBLON, *professeur.*
LESEUR, *professeur.*

PARIS

V. GIARD & E. BRIÈRE

LIBRAIRES-ÉDITEURS

16, rue Soufflot, 16

1900

THÈSE

POUR

LE DOCTORAT

DJIBOUTI

CRÉATION D'UNE COLONIE FRANÇAISE

THÈSE POUR LE DOCTORAT

L'ACTE PUBLIC SUR LES MATIÈRES CI-APRÈS

Sera présenté et soutenu le Samedi 10 Novembre 1900 à 9 heures 1/2

PAR

Maurice BERNARD-DUTREIL

Président : M. LÉVEILLÉ, *professeur.*
Suffragants { MM. ESTOUBLON, *professeur.*
{ LESEUR, *professeur.*

PARIS

V. GIARD & E. BRIÈRE

LIBRAIRES-ÉDITEURS

16, rue Soufflot, 16

1900

DJIBOUTI

CRÉATION D'UNE COLONIE FRANÇAISE

CHAPITRE PREMIER

LE SOL. — LES HABITANTS. — LE CLIMAT

Nos possessions de la côte de Somalis, dont Djibouti est le chef-lieu, semblent devoir être appelées à un développement prochain. Chercher les causes et les moyens qui pourront amener ce développement est un sujet d'actualité dont l'intérêt est d'autant plus grand, que l'attention se porte particulièrement depuis quelques années sur l'Empire d'Ethiopie qui borde notre colonie.

Le golfe de Tadjourah tout entier français aujourd'hui, est situé en dehors de la mer Rouge. Le raz

Bir au Nord et le raz Djibouti au Sud sont les deux points qui le limitent. Il mesure environ 100 kilomètres de profondeur, en y comprenant la Gubbet-Khara, sorte de bassin qui en forme le fond : cinquante kilomètres séparent les deux caps qui en ferment l'entrée.

Les limites du territoire que nous occupons sont formées au Nord par une chaîne de montagnes qui s'étend depuis le cap Doumeïrah jusque vers le fond du golfe de Tadjourah ; au Sud les frontières sont assez indécises ; une ligne imaginaire suivant le golfe à 90 kilomètres de la côte nous sépare des territoires dépendant de l'Abyssinie.

Les explorateurs qui ont visité les côtes qui bordent le golfe de Tadjourah en font un tableau peu enchanteur.

Rochet d'Héricourt qui a traversé quatre fois le désert des Adels en suivant la route de caravanes entre Tadjourah et le Choa dépeint ainsi ces tristes contrées : « Le pays des Adels que l'on traverse en allant de l'Océan indien au Choa, est une région montueuse, tourmentée par le travail volcanique à un point qu'on ne saurait rendre. Il n'y a nul part dans le monde autant de cratères éteints, autant de lave répandue sur le sol. Si les anciens avaient connu cette contrée, ce n'est point en Sicile qu'ils auraient placé la guerre des Titans contre les dieux ou les ardents fourneaux des Cyclopes.... Ce sont presque toujours des collines aux pentes un peu abruptes, aux longues crêtes parsemées de petits cônes, bouches éteintes de volcans d'où ont coulé d'immenses et épaisses couches de lave. Ajoutez la teinte rougeâtre et sombre qu'elles doivent à leur constitution géologique : versez sur elle la lumière tropicale qui découpe les contours avec une si âpre rigueur et vous concevrez la tristesse de ce paysage qui ne fait grâce au regard d'aucun détail d'une aridité importune » (1).

Au Sud de la baie de Tadjourah. C'est encore le désert. « Ce sont des plaines sans fin, entièrement brulées, jonchées de cailloux carbonisés d'un bronze tantôt mat et tantôt éclatant, triste et sombre, fatiguant au regard qui ne peut en soutenir l'aspect ! Après ces plaines immenses s'ouvrent les gorges, s'élèvent les coteaux, les plateaux et les monts empreints d'une égale horreur : point de végétation parmi cet amas de pierres et de roches schisteuses, sauf de loin en loin des pieds rabougries de buissons épineux et désséchés de mimosas ou de gommiers, quelques arborescences à grosses feuilles amères » (2).

1, Rochet D'Héricourt. *Second voyage sur les deux rives de la mer rouge dans le pays des ardennes et le royaume du Choa.*
2. Lettre de Mgr. Colbeaux lazariste.

« Partout, dit M. Vignéras, sauf vers le Sud-Ouest, où l'âpreté générale se tempère un peu, le pays présente le même aspect d'aridité et de solitude. Vastes étendues désertes, fonds de torrents desséchés, végétation rabougrie et sans éclat, monts calcinés par le soleil, désolation et grandeur : voilà les traits caractéristiques de la contrée. Mais cette désolation et cette grandeur tiennent de l'horrible et l'esprit est comme saisi d'épouvante à la vue de ce bouleversement, de cette prodigieuse chevauchée des monts ».

Ces déserts sont cependant habités. Deux races se partagent le territoire : au nord du golfe les Danakils, su sud les Somalis-Issas.

C'est sous la dénomination de Danakils qu'on désigne les nombreuses tribus qui habitent la côte orientale de l'Afrique, au nord du détroit de Bab-el-Mandeb. Ces diverses tribus étaient autrefois réunies et formaient ce royaume des Danakils qui joua un rôle important dans la guerre des Mahométans contré les Abyssins. Aujourd'hui elles sont divisées et vivent indépendantes les unes des autres, obéissant à des sultans qui sont d'autant plus puissants qu'ils ont su grouper un plus grand nombre de familles sédentaires. On évalue le nombre de ces tribus à quarante environ : les plus importantes sont les Hadarems, les Damhoëtes et les Taïembos.

Le territoire qu'elles occupent forment un vaste triangle dont le sommet au nord correspond à la baie d'Adulis, dans la mer Rouge ; la base en est formée par le golfe de Tadjourah et une ligne reliant le fond de cette baie à la frontière abyssine. A l'est la mer Rouge baigne ce territoire ; à l'ouest les premiers contreforts de l'Ethiopie le dominent.

Le Dankali est de taille assez élevée ; ses membres sont grèles. Son front légèrement fuyant, et des yeux vifs mais faux inspirent la méfiance. Enfin un profil très allongé, des traits réguliers et le visage d'une extrême maigreur, tel est le portrait de ce fils du désert.

Son vêtement est rudimentaire : une bande de toile ou une peau de mouton le compose. Cependant le Dankali, depuis qu'il est en contact avec l'Européen, se couvre d'un morceau d'étoffe serré autour des reins et appelé « taube ».

La femme, dans la brousse, est simplement vêtue d'une peau de bête que remplace un pagne lorsqu'elle paraît devant les étrangers. Elle s'entoure le cou de colliers variés, le plus souvent en perle, et porte aux bras, aux chevilles, aux oreilles de nombreux bijoux de cuivre.

Ces indigènes sont fort sanguinaires : ils tuent pour tuer ; le meurtre d'un étranger est considéré par eux comme un acte héroïque. C'est par derrière qu'ils frappent leur victime après l'avoir attirée dans une embuscade. Ils mutilent alors le cadavre et se parent du signe distinctif des braves : un bracelet de cuivre ou de fer au bras ou encore une plume blanche dans les cheveux. Ils sont d'autant plus écoutés qu'ils ont commis plus de meurtres et la preuve de leur courage consiste en de grands trous dans le lobe des oreilles dans lesquelles ils introduisent des rondelles de bois.

Les Somalis, avons nous dit, s'étendent au sud de la baie de Tadjourah. Le territoire qu'ils occupent longe le golfe d'Aden jusqu'au cap Gardafui. C'est la *regio aromatifera* des anciens dans les ports de laquelle les marchands de l'Egypte et de l'Inde, de la Grèce et de Rome venaient autrefois chercher la myrrhe et l'encens. Les Somalis ne pénètrent que fort peu dans l'intérieur des terres, car ils sont refoulés à la côte par les Gallas dont ils sont séparés par un plateau montagneux et aride. C'est sur ce territoire que sont fondées les villes de Djibouti, Zeilah et Berberah.

Vraisemblablement Danakils et Somalis ont la même origine. Cependant le Somali est supérieur au Dankali par le courage et la résolution. Il s'en distingue par une attitude plus martiale, son allure est plus dégagée et inspire plus de confiance.

« Les Somalis ont les yeux noirs un peu enfoncés, plutôt petit que grands et mieux chez les femmes que chez les hommes : l'arcade zygomatique est très prononcée, les narines sont assez fortes : la bouche est grande, les lèvres sont un peu épaisses surtout la lèvre inférieure qui s'abaisse de façon à laisser apercevoir des dents fort blanches et bien rangées, il est vrai, mais déchaussées par l'habitude qu'ils ont de se les frotter fréquemment avec un petit morceau de bois vert (*iraki*) dont le suc légèrement acide les blanchit ; le menton est petit, les joues sont creuses, les oreilles de moyennes grandeurs. Les membres et le corps sont minces, proportionnellement à la taille. Les jambes surtout sont grèles ; la saillie des mollets est à peine indiquée ; la main est petite ; les doigts en fuseaux présentent à l'extrémité un léger applatissement » (1).

Comme les Danakils, les Somalis sont divisés en tribus qui ont pour chef un sultan. Le plus puissant était le sultan de Zeilah, Abou Beckre, qui fut pendant longtemps notre allié et qui étendait sa puissance sur toute la côte que nous occupons actuellement au sud de la baie de Tadjourah.

1. Elisée Reclus. *Géographie Universelle.*

Les Danakils et les Somalis sont des peuples pas-
teurs. Travailler la terre serait déchoir, aussi le peu
de culture qu'on rencontre sur le territoire qu'ils occupent, est l'œuvre des femmes qui sont soumises aux
plus durs travaux. Les troupeaux sont la principale
richesse du pays. Ils vont de région en région à la
recherche de l'herbe que produit le sol, quand la pluie
y apporte un peu de fraîcheur.

Les habitants de la côte orientale de l'Afrique sont
avant tout des pillards et des mendiants. Les Arabes les désignent satiriquement sous le nom de *Beled-
ouah-Issi* c'est-à-dire pays de donne-moi quelque
chose. Ils vivent de rapine, aussi le pays est-il ravagé
par des guerres incessantes entre peuplades et « le
seul champ, qu'on y cultive, dit M. Révoil dans le
style de l'orient est le champ de la mort ».

Ceux qui habitaient sur le rivage de la mer étaient
de véritables pirates, qui doués d'une grande audace,
s'attaquaient à des vaisseaux marchands et parve-
naient souvent à s'en emparer. Aussi, alors qu'on
ne pouvait les poursuivre dans le dédale des récifs
qui bordent la mer Rouge et le golfe d'Aden, on
trouvait fréquemment entre leurs mains des objets
de provenance européenne qu'ils avaient acquis en
écumant la mer.

Les Danakils et les Somalis marchent constamment armés : leurs armes sont la zagaie (*ouerem*) ou l'arc et les flèches empoisonnées, un long couteau poignard (*gombet*), un petit casse-tête en bois (*boyt*), le bouclier (*jacham*), que l'on suspend au cou et qui assez lourd chez les Danakils est plus léger chez les Somalis.

C'est la religion musulmane qui domine sur le littoral de la mer, mais ils sont peu pratiquants. D'ailleurs plusieurs tribus de l'intérieur sont fétichistes, jurent par les pierres et révèrent les grands arbres.

Le climat du pays des Danakils et des Somalis ressemble à celui de l'Arabie sur le versant du golfe d'Aden. La température est fort chaude mais « c'est une chaleur sèche presque saine, si on la compare à ces humidités de chaudière de Cochinchine et d'Annam ; les vents qui soufflent, d'où qu'ils viennent, ont passé sur les grands déserts sans eau de l'Afrique ou de l'Arabie ; on sent que cet air est pur, pour ainsi dire, vivifiant » (1). La température moyenne de l'hiver, c'est-à-dire de septembre à mai est de 24 à 26 degrés ; celle de l'été, de mai à septembre est de 30 degrés environ. Cependant Rochet d'Hericourt observa un maximum de 48 degrés à l'ombre à Tadjourah, mais cette intensité de chaleur est assez rare.

Pendant la saison d'hiver, il pleut quelquefois.

1. Pierre Loti, Obock, *En passant.*

Ces pluies sont apportées par les vents alizés du nord-est de décembre en mars. Avec les vents de moussons du sud de violentes tempêtes s'abattent sur le littoral ; les averses emplissent les torrents éphémères et le désert reverdit pour quelques jours. « A cette saison des pluies, le *ga* ou *gugi* des Somalis, succède le *haga*, temps nuageux mais sec pendant lequel la terre reprend son aspect d'aridité ; puis viennent le *daïr* ou saison du froid et le *djilah*, mois de sécheresse qui précède les grandes pluies » (1).

Ces grandes pluies, fort rares d'ailleurs, sont insuffisantes pour fertiliser les terres que brûle un soleil constant.

Aussi le sol est-il infertile. Quelques bouquets de palétuviers viennent rompre la monotonie des rivages de la mer : on y rencontre aussi des dattiers en petit nombre. Sur les collines quelques gommiers, des mimosas, des euphorbes, des arbres à encens et à myrrhe étendent l'ombre de leur feuillage rare et menu.

Le territoire, sur lequel nous avons établi notre protectorat n'est donc qu'un désert. Les peuplades, qui l'habitent, paresseuses et pillardes, ne semblent pas encore désirer connaître une civilisation plus avancée.

1. Elisée Reclus, *Géographie Universelle*.

Ce désert sera-t-il transformé par nos mains ? Les indigènes, plus instruits, deviendront-ils, à notre exemple, industrieux à tirer du sol le plus pauvre, les quelques richesses qu'il peut donner ? C'est le secret de l'avenir ; mais ce qu'on peut étudier dès aujourd'hui, c'est ce qui a été fait depuis notre si récent établissement sur la côte des Somalis et surtout ce qu'il reste à faire. Car si notre colonie s'est, à la vérité, développée, avec une rapidité étonnante, ce qu'elle est, n'est que l'embryon de ce qu'elle doit être. Aujourd'hui elle n'est rien : demain elle peut être la rivale des possessions anglaises dans ces parages.

CHAPITRE II

HISTORIQUE DE L'OCCUPATION DE LA BAIE
DE TADJOURAH

Depuis 1839, époque à laquelle l'Angleterre s'était emparé d'Aden, l'importance de la mer Rouge, comme route commerciale, devenait de plus en plus évidente. Avant même que ne prit corps l'idée du percement de l'isthme de Suez, des caravanes transportaient de la Méditerranée à Suez les marchandises et permettaient de réaliser ainsi une économie très appréciable de temps et d'argent.

Laisser l'Angleterre maîtresse absolue dans ces parages, c'était lui donner une prédominance funeste à nos intérêts en Extrême-Orient : c'était en cas de guerre avec une puissance de l'Asie, nous voir privés de tout port de relâche où nos navires puissent faire escale ; c'était enfin laisser entre ses mains tout le commerce avec cet empire d'Ethiopie dont on commençait à vanter les richesses.

Le gouvernement anglais s'empara en 1858 de Périm : il fortifia cet îlot qui, par sa position devint la clef de la mer Rouge. Périm d'ailleurs faillit appartenir à la France ; seule, l'indiscrétion de l'officier chargé d'y planter notre drapeau permit aux Anglais de hisser les couleurs britanniques quelques heures avant l'arrivée du vaisseau français.

Cette déception n'arrêta pas les études faites dans le but de fonder des établissements français sur la côte orientale d'Afrique.

L'exploration de la mer Rouge fut décidée en 1859. Aussitôt la guerre d'Italie terminée on réalisa ce projet.

Il était de toute évidence que malgré l'opposition anglaise le canal de Suez serait ouvert. Il fallait que nous profitions des avantages que produirait cette révolution maritime en nous établissant sur la côte éthiopienne.

Le comte Russel fut chargé de la mission de reconnaître la côte et de planter le pavillon français là où il lui semblerait avantageux de le faire : il devrait aussi établir des rapports intimes entre notre pays et le souverain de l'Abyssinie.

Ce double but fut réalisé. Le comte Russel obtint de

Négoussié un traité en règle qui nous cédait la baie
d'Adulis et l'île de Disseh. Ce traité nous abandon-
nait la pleine et entière possession d'une position
qui, si nous l'avions occupée, nous aurait assuré la
prépondérance dans la mer Rouge.

« Je ne mets pas en doute, écrivait le comte Russel, que nous verrons le commerce entier de la côte
venir se grouper autour de notre pavillon dès qu'il
sera planté sur un point quelconque de l'Ethiopie ».

Revenu en France, il ne cessait de demander au
gouvernement impérial de mettre à profit par l'occupation effective de Zulla et de Disseh, les avantages
obtenus. Mais le gouvernement, dans la crainte de
mécontenter l'Angleterre rendit inutiles les efforts de
la mission.

Cependant, avant même que la mission Russel
n'explorât la côte occidentale de la mer Rouge,
Henri Lambert, vice-consul à Aden, cherchait à acquérir un port à la France. Lors d'un voyage qu'il
fit dans la baie de Tadjourah, il était presque par-
venu à se faire céder le territoire d'Obock. Mais il
fut assassiné près des îles Muscha, à l'entrée du golfe
le 4 juin 1859.

Le capitaine Fleuriot de Langle envoyé pour châ-
tier les assassins reprit son œuvre. Il obtint la ces-
sion d'Obock en 1860. Une somme de 10.000 thala-

ris (1) était versée aux chefs Danakils à qui appartenait le territoire. Ce ne fut qu'en 1862 que ce traité reçut une sanction officielle. M. Thouvenel, ministre des affaires étrangères, y apposa sa signature et les chefs indigènes y imprimèrent leurs cachets.

Le gouvernement impérial, de même qu'il avait négligé de s'installer dans la baie d'Adulis et dans l'île de Disseh, sembla ne pas apercevoir les avantages d'une occupation effective du territoire d'Obock Il se contenta d'y faire planter le drapeau français par MM. Goltammer et Capitaine en 1863. Le capitaine Salmon, commandant du *Surcouf*, exécuta l'hydrographie du port en 1864 et ce fut tout jusqu'en 1884.

De 1864 à 1884, quelle fut la destiné d'Obock ?

Des commerçants entreprenants, tentés par la proximité de l'Abyssinie, y établirent des comptoirs

En 1872, un négociant, Pierre Arnoux s'y fixa. Il projetait de nouer des relations avec le Choa et d'assurer à Obock tout le commerce avec cette partie de l'empire Ethiopien. Quelques années après son installation il conclut un traité avec Ménélick : une route devait partir d'Obock et se diriger vers l'Afrique Centrale.

1. En 1862 le thalari valait de 5.45 à 5.5o.

En 1879 une compagnie se forma à Paris qui envoya à Obock M. Soleillet comme agent général. Celui-ci, explorateur de grande valeur, étendit l'influence française dans ces parages. La baie de Sagallo, située sur la côte nord-ouest du golfe de Tadjourah lui fut concédée par le sultan Mohammed Loïtah. Grâce à ses voyages en Abyssinie, il fit connaître les intentions pacifiques de la France.

Mais Arnoux est assassiné à Obock même ; la Compagnie que représente Soleillet se dissout ; lui-même meurt à Aden. Le gouvernement, loin d'encourager l'établissement des Français sur la possession, leur refuse toute protection. C'est ce qui semble ressortir de cet extrait du *Journal officiel* du 25 décembre 1880 : « Le département de la marine ne peut que laisser aux personnes qui tenteraient de fonder un établissement toute la responsabilité du choix de l'emplacement à occuper par elles, sous réserve que cette occupation essentiellement précaire et révocable devra cesser à la première réquisition. Il est bien entendu d'ailleurs qu'aucune indemnité ne serait due aux intéressés en cas de déplacement pour cause d'utilité publique ou d'intérêt militaire ».

Tous les efforts devaient-ils donc rester stériles ? L'initiative privée, si puissante en matière coloniale, avait ouvert la voie, et le gouvernement se décida enfin à agir. Il prend officiellement possession d'Obock en 1884 et un décret du 24 janvier de cette année nomme le premier commandant de la colonie.

La baie de Sagallo, avons nous vu, avait été concédée à Soleillet : celui-ci l'avait rétrocédée à la France et en octobre le *Seignelay* en prend possession. Quelques semaines plus tard, c'est Tadjourah que nous occupons après son évacuation par les Egyptiens qui s'y étaient établis. Nous étions dès lors maîtres de toute la côte nord de la baie de Tadjourah.

On avait fondée de grandes espérances sur notre établissement à Obock. Obock devait être un port de refuge pour nos vaisseaux, un point de ravitaillement et d'approvisionnement en charbon, enfin une tête de ligne pour les caravanes allant en Ethiopie. On s'aperçut bientôt qu'il ne pouvait réaliser aucun de ces *desiderata*.

Le port en effet n'offre aucune sécurité. Il se trouve dans un enfoncement de la falaise compris entre le raz Bir et le cap d'Obock. Cet enfoncement est fermé par trois bancs de corail. Rien n'arrête les vents de Mousson du sud-ouest et tout navire, qui se serait réfugié dans la rade au moment où souffle ce vent, serait infailliblement jeté à la côte. Des travaux considérables auraient été nécessaires pour rendre ce port praticable. M. de Vésine-Larue, envoyé en 1888 pour étudier les améliorations à apporter à la rade, estime à treize millions la dépense qu'eût nécessité la création artificielle d'un port.

Le peu de profondeur des eaux force les navires à mouiller assez loin du rivage et le tranfert des marchandises se faisait au moyen de chalands. On lit dans un rapport officiel : « L'embarquement du charbon que nos navires de guerre vont prendre à Obock se fait d'une manière très incommode. Le charbon mis en sac dans le parc est chargé dans deux boutres de 8 à 9 tonneaux qui vont le verser dans quatre chalands mouillés à quelques mètres d'une capacité de 80 tonnes. Les chalands sont ensuite remorqués jusqu'au mouillage des navires par un petit vapeur à hélice » (1). Les opérations de ravitaillement en charbon se faisaient, on le voit, avec une lenteur désespérante: un navire de l'État mit, dit-on, 48 heures pour prendre 60 tonnes de charbon.

Malgré ces défectuosités, le gouvernement français fut cependant fort heureux d'avoir à Obock un dépôt de charbon. En effet en 1885, vers la fin de

1. Rapport de M. de Lanessan au Parlement sur Obock.

notre conflit avec la Chine, sous prétexte de neutralité, l'*Enlistement Act* nous fut appliqué, et les ports Anglais, notamment Aden, nous refusèrent le charbon. D'ailleurs, en 1870 ce port nous avait déjà été fermé, et ainsi s'était affirmé, dès ce moment, la nécessité de posséder un dépôt de charbon sur le passage de nos navires allant en Extrême-Orient.

C'était d'ailleurs la seule raison d'être d'Obock, d'après M. de Vésine-Larue : « Je serais assez tenté, dit-il, de vous proposer d'abandonner cette colonie, si ce point n'avait une importance de premier ordre au sujet de nos colonies de l'Indo-Chine, de Madagascar et de la Réunion ».

D'autre part, au point de vue du ravitaillement en vivres des navires, Obock n'offrait aucune ressource. Tous les approvisionnements devaient venir d'Aden ou de la côte des Somalis. Toutes les tentatives d'ouvrir une route définitive vers l'ouest avaient échoué. Sans doute, Arnoux, Soleillet, Denis de Rivoire étaient parvenus à conduire des caravanes jusqu'au Choa, mais ils eurent des difficultés sans nombre à surmonter. Les hautes falaises qui entourent Obock et qui présentent jusqu'à la mer le caractère de plateaux étagés sont dépourvues d'eau, et leurs aspérités constituent pour les chameaux d'infranchissables barrières. De plus, les caravanes devaient traverser les tribus guerrières des Danakils, dont les chefs réclamaient des droits élevés de passage ; et ces droits payés, il fallait encore se défendre contre les pillards indigènes. Cette route vers l'ouest était donc impraticable, et tous les Français qui l'ont suivie et ont tenté d'atteindre le Choa pour en rapporter des produits abyssins « n'ont trouvé dans ces entreprises que des déboires et n'en ont retiré que de lourdes pertes » (1).

Au sud de la baie de Tadjourah existait un point à peine habité, où aboutissaient quelques caravanes venant du Harrar. C'était Raz-Djibouti. La rade était connue des boutres arabes, qui venaient s'y réfugier et s'y approvisionner d'eau douce. Les commerçants français signalèrent la nécessité de s'y établir. Bientôt des traités furent signés avec Abou-Beckre, le sultan de Zeilah, qui donnèrent à la France toute la côte sud de la baie.

Des difficultés s'élevèrent alors avec l'Angleterre. Les Anglais établis à Zeilah connaissaient l'importance de Djibouti ; aussi contestèrent-ils à la France le droit de s'y établir. Mais un traité conclu le 2 février 1888 mit fin aux contestations. L'Angleterre reconnut à la France la possession du terri-

1. Rapport de M. de Lanessan.

toire de Djibouti jusqu'au village de Lebadou, à 35 kilomètres au sud-est du cap : elle lui aban-donna également la propriété des îles Muscha, qui commandent l'entrée de la baie.

L'occupation effective qui suivit aussitôt était justifiée par les avantages que présente Djibouti. Nous verrons en effet que cette ville possède un port très sûr et qu'elle est certainement le point de la côte Somalis le meilleur comme tête de route vers l'intérieur.

La supériorité évidente de Djibouti sur Obock s'affirma de plus en plus à mesure que les commer-çants vinrent s'y établir. Obock ne fut plus bientôt que le siège de l'administration et resta la ville des fonctionnaires.

Djibouti devenait de plus en plus important. Obock, au contraire, voyait sa population, que rien ne retenait, traverser la baie pour s'établir dans la ville nouvelle ; s'obstiner à y rester eût été folie, aussi au mois de mars 1895, il fut décidé que le siège du gouvernement de notre colonie serait trans-féré d'Obock à Djibouti. Puis, le 21 mai 1896, un décret réunit sous la dénomination de « la côte française des Somalis et dépendances », le territoire d'Obock, de Tadjourah et des Danakils au protec-torat des Somalis avec Djibouti comme chef-lieu.

Djibouti s'étend sur trois plateaux, séparés les uns des autres par des espèces de lagunes que recouvre la mer à marée haute. Les plateaux de Djibouti, du Serpent, du Marabout, se succèdent du sud au nord en s'infléchissant vers l'ouest « et en se recourbant vers l'intérieur du golfe pour y former une manière d'oreille. Le port est le centre de l'oreille ainsi formée par la nature » (1).

Ces plateaux sont reliés les uns aux autres par des chaussées, formant routes, qui permettent de circuler facilement de l'un à l'autre.

C'est le plateau de Djibouti qui fut occupé tout d'abord. C'est là que furent bâties les premières factoreries et que s'élève actuellement la résidence du gouverneur. Une place de 170 m. de longueur sur 70 m. de large est au centre de ce plateau, Les services administratifs occupent le côté nord de cette place.

La Compagnie des Messageries maritimes, qui transporta en 1895 ses services d'Obock à Djibouti, construisit ses bâtiments et son parc à charbon sur le plateau du Marabout. Tout à côté se trouvent les bureaux de la Compagnie des chemins de fer éthiopiens.

1. Lettre de Mgr. Colbeaux, lazariste.

La gare terminus de la ligne Djibouti-Harrar a été bâtie sur le plateau du Serpent ; elle comprend des ateliers de machines, des ateliers de réparations, des parcs de charbons, etc. Des entreprises particulières ont également élevé de nombreuses maisons, genre arabe, de forme carrée, à un étage et à terrasse. Ces maisons sont bâties en pierres madréporiques que l'on tire de la mer, à marée basse, et qui fournissent à la fois les matériaux de construction et la chaux.

Sur le plateau de Djibouti existe un village indigène. Les maisons sont construites en bois, troncs d'arbres et branchages et sont entourées d'une petite cour où sont rassemblés les animaux les plus divers.

La ville est fort bien tenue : des condamnés, sous la surveillance de gardiens, sont chargés de la voirie.

Une route va de Djibouti aux jardins d'Ambouli, création artificielle où l'on trouve une peu d'ombre et de fraîcheur. Bientôt de petits tramways monorails seront établis pour abréger les distances : ils partiront de l'extrémité Nord de la ville et iront jusqu'aux jardins d'Ambouli. Un système d'éclairage au pétrole permettra de circuler avec sécurité la nuit : enfin le téléphone vient d'être inauguré qui doit rendre les plus grands services aux commerçants. Un hôpital déjà construit, un lazaret projeté recevront les malades qui ne pourront affronter la traversée de la mer Rouge.

La population de Djibouti est d'environ 12.000 habitants : elle comprend 10.000 indigènes arabes indous, et 2.000 Européens dont beaucoup sont italiens : en 1895 la population de la ville ne comprenait qu'un millier d'indigènes et quelques français.

Aujourd'hui, grâce à sa situation, Djibouti a surpassé de beaucoup Zeilah et Assab, et son importance ne peut qu'augmenter à mesure que la prospérité commerciale, qu'on peut prévoir dans un avenir prochain, fera affluer tous ceux qui cherchent fortune.

CHAPITRE III

Par qui est administrée notre jeune colonie ?
quels sont ses moyens d'existence ? C'est ce qu'il
faut examiner tout d'abord.

Une fois Djibouti désigné officiellement comme
chef-lieu de nos possessions de la côte des Somalis,
nous avons vu que les services qui résidaient à Obock
s'y transportèrent.

Un gouverneur, assisté d'un conseil de la colonie,
est chargé du gouvernement de notre possession.

Ce gouverneur fut aussi, pendant quelque temps
notre représentant en Abyssinie. Ces fonctions le
forçaient à résider à Addis-Ababa auprès du négus
pour défendre les intérêts de la France. Cette situation ne pouvait durer : il était impossible en effet pour
un gouverneur résidant en Abyssinie, c'est-à-dire à

750 kilomètres de son poste, de travailler au développement de la colonie dont la direction lui était
confiée. Aussi un décret du 13 août 1898 modifia
cet état de chose. M. Lagarde ancien gouverneur
d'Obock, puis de Djibouti, fut maintenu auprès de
Ménélick et M. Mizon fut nommé gouverneur de la
côte des Somalis (1).

Le pouvoir du gouverneur est fort étendu, car en
dehors des fonctions purement administratives, il
exerce des fonctions de juge, soit personnellement
soit par une délégation de ses pouvoirs.

La justice est en effet rendue par un délégué du
gouverneur qui remplit les fonctions de juge de paix
à compétence étendue. Le gouvernement peut,
quand il le juge à propos, user du droit de « justice
retenue » et juger les affaires dont il voudrait connaître par lui-même.

Un conseil d'appel est constitué par le gouverneur et deux assesseurs. Ce conseil se constitue,
quand il est nécessaire en tribunal correctionnel.

Jusqu'à présent aucun magistrat de carrière n'est
affecté à ce service : il est probable que bientôt il
n'en sera plus de même.

Le gouverneur est assisté dans son administration

1. M. Mizon mort peu après fut remplacé par M. Martineau
(décret 28 mars 1899).

par un conseil privé, composé de trois fonctionnaires et de trois habitants notables.

Enfin il existe une Chambre consultative du commerce dont les avis sont précieux pour le gouverneur.

Les autres fonctions administratives sont les suivantes :

1° *Le secrétariat général*, qui comprend en dehors du secrétaire général, un chef du bureau, un sous chef, et tout un personnel subalterne ;

2. *Le service des douanes et contributions diverses*, composé d'un chef de service deux commis et des gardiens de quai.

3. *Le service des postes et télégraphes*, dirigé par un receveur.

4. *Le service des affaires indigènes* qui est assuré par deux administrateurs ayant sous leurs ordres cent agents indigènes Haoussas, Abyssins et Somalis ;

5. *Un service de police et des prisons*, dont fait partie un commissaire de police, assisté d'un adjudant et de cinquante policiers indigènes.

6. *Le service des travaux publics*, à la tête duquel est un conducteur principal des ponts et chaussées ;

7. *Le service des ports et rades*, qui a pour person-

nel un chef de port, douze canotiers et des gardiens de feux.

8. *Le jardin du gouvernement*, dont un chef jardinier a la direction ;

9. *Le service sanitaire,* qui comprend un médecin et deux infirmiers indigènes.

En passant sous silence les fonctionnaires dont le nombre est sujet à des fluctuations nous arrivons à un total de 53 fonctionnaires.

Ce chiffre parait fort élevé au premier abord surtout quand on le compare à celui que nous trouvons à Zeilah la voisine de Djibouti. Cette ville anglaise où cependant se fait un trafic encore supérieur à celui de Djibouti, n'est administrée que par un gouverneur assisté par un seul fonctionnaire indigène.

Mais Zeilah n'est qu'un point sur la route dont les extrémités sont Harrar et Aden ; le chiffre de la population est fort peu important en dehors de certaines époques où affluent les marchandises apportées par les caravanes ; enfin la proximité d'Aden permet d'y demander assistance si la nécessité s'en fait sentir.

Au contraire nous avons vu qu'une population fixe de 12.000 âmes s'était établie à Djibouti ; nous verrons que cette ville est destinée à devenir le grand

marché qui centralisera les produits de l'Abyssinie ;
enfin c'est notre seule possession dans ces parages.
Il fallait que l'ère prospère, qui va s'ouvrir pour
elle, trouvât une administration solidement établie,
des services bien organisés, qui par leur bon fonc-
tionnement et l'expérience acquise facilitent l'essor
de notre colonie.

Le gouvernement de la métropole après avoir donné
à la colonie une subvention de 500.000 fr. l'a réduite
à 300.000 fr. Bien plus, cette subvention serait, pa-
raît-il, diminuée chaque année de 100.000 fr. et
bientôt la colonie serait réduite à ses propres ressources. Comment nos possessions de la Côte de Somalis
se suffiront-elles à elles-mêmes ? C'est là un des gros
soucis de l'administration locale qui n'a d'espoir
que dans l'augmentation du trafic de Djibouti et
peut-être dans la non-réalisation des projets de la
métropole.

Aujourd'hui les ressources de Djibouti viennent
des taxes et contributions ci-dessous qui sont per-
çues depuis le 1er janvier 1900.

A. — *Contributions directes*.

1. 5 o/o *ad valorem* sur la valeur locative des
propriétés bâties ;

2. Droit d'occupation de terrain, de 5 francs, et de 3 francs sur les cases indigènes suivant leur étendue;

3. Patentes fixées ainsi qu'il suit :

1. Banquiers, armateurs, ou consignataires de navires, société de construction de chemin de fer, de routes et de maisons.. . .   200 francs

2. et 3. Négociants suivant catégorie . . . . . . .150 et   200   »

4. Boutiquiers et détaillants divers   50   »

B. — *Contributions indirectes.*

I. *Taxes de consommation perçues à l'importation.*

1. ALCOOLS ET LIQUEURS ALCOOLIQUES

Au-desssous de 50 degrés, l'hectolitre   30   »

Au-dessous de 50 à 70 degrés, l'hectolitre   50   »

Au-dessous de 70 degrés, l'hectolitre   100   »

2. BOISSONS

Vins en fûts, l'hectolitre   5   »

Vins mousseux et assimilés, l'hectolitre . . . .   25 francs
Vins de liqueur, quinquina y compris (la bouteille étant considérée
comme litre) l'hectolitre . . .   15   »
Vins en bouteilles autre que mousseux, la bouteille 0 10
Vermouth, (la bouteille considérée
comme litre) l'hectolitre . . .   25   »
Bière et cidre (la bouteille considérée comme litre) l'hectolitre . .   5   »

3. TAXES DIVERSES

Dattes les 100 kilos . . . . . .   2 francs
Dourah   »   »   1   »
Farine   »   »   2   »
Grains (orge, blé, maïs) les 100 kilos   1   »
Son   »   »   .   1   »
Huile   »   »   .   5   »
Pétrole   »   »   .   2   »
Riz   »   »   .   2   »
Tabac fabriqué   »   »   .   25   »
Tabac en feuille   »   »   .   15   »
Haschich et pâtés au haschich, le

kilog 2 50
Kate, les 100 kilos. . . . . . 50 »

II. *Droits de sortie.*

Chameau, par tête. . . . . . 12 »
Cheval, » » . . . . . . 16 »
Mulet, » » . . . . . . 16 »
Ane, » » . . . . . . 6 »
Bœuf, » » . . . . . . 2 »
Mouton, » » 0 50
Chèvre, » » 0 50
Peaux de bœufs, les 100 peaux. . 25 »
Peaux de chèvres et moutons, les
   100 peaux. . . . . 5 »
Les peaux à destination de France
   sont exemptées.
Alcools et produits similaires au-
   dessous de 50 degrés le litre ou la
   bouteille 0 05
Alcools et produits similaires, 50
   degrés et au-dessus, le litre ou la
   bouteille 0 10

III. *Droits de navigation.*

1. Abonnements des embarcations et boutres navi-

guant entre les différents ports du protectorat et faisant le service des rades. Par trimestre. Boutre par tonne de jauge   1   50
Embarcation par passager pouvant être embarqué . . . . . .   o   75

Cet abonnement est obligatoire pour les embarcations se livrant exclusivement au transport des passagers.

Il est facultatif pour les boutres naviguant entre les ports du protectorat ; mais ceux qui ne seront pas abonnés ne pourront participer au travail des ports et rades. En cas de non abonnement ils seront soumis au tarif suivant :

2, Visa d'expédition des boutres naviguant entre les ports du Protectorat, mais sans abonnement ou naviguant au-delà de ces ports dans le golfe d'Aden :

Par tonne de jauge, avec minimum de perception de 1 franc. . . . .   o   25
Par passager . . . .   o   25
Ces droits sont perçus par voyage :

3. Taxe sur les boutres faisant la navigation au long cours, autorisés à arborer le pavillon français. Par an, par tonne de jauge. . . .   5 francs

Par an, par homme d'équipage .   5 francs

C. — *Contributions diverses*.

1. Taxe sur les emplacements concédés et non
occupés :

    3e trimestre, par mètre carré .   o   20
    4e   »   »   .   o   40
    2e année   I

2. Taxe télégraphique d'Obock à
    Perim. par mot. . . . .   o   15
    De Djibouti à Obock, par mot   o   20

3. Droits sur les actes de l'état civil, de juridiction
civile, commerciale, criminelle, des actes nota-
riés, administratifs ; de navigation et divers :
tarif fixé par l'arrêté local du 12 novembre 1899.

4. Droits sur les armes :

    Armes à feu par pièces . .   4   »
    Cartouches, le cent. . . .   2   »
    Poudre à feu, le kilog. . .   o   50
    Capsules   4   »
    Cartouches métalliques, le kil.   o   25

5. Droits d'abattage :

    Pour un chameau   2   »

> Pour un bœuf   1   »
> Pour une chèvre ou un mouton   o   25

6. Taxes d'inscription des émigrants par coolie en
    gagé pour servir hors du pro-
    tectorat   5   »

Cette taxe n'est pas applicable en cas de recrute-
ment pour le service d'une administration coloniale
ou métropolitaine.

7. Taxe sur les indigènes embarqués sur les navires
    de commerce, par tête. . .   5   »

8. Taxes sur les indigènes, chauf-
    feurs embarqués sur les navi-
    res postaux, par tête . . .   1   »

9. Passeports délivrés aux indigè-
    nes, par passeports. . . .   10   »

Le produit de ces taxes et contributions ne peut
qu'augmenter chaque année. Mais l'augmentation
des recettes sera-t-elle suffisante pour balancer ce
que retirera la métrolopole ? On ne peut le dire dès
à présent. Mais si cela était, si grâce à des ressources nouvelles, Djibouti devenait indépendant de la
métropole au point de vue financier, la conception

d'une colonie française se suffisant à elle-même serait réalisée pour la première fois.

Aujourd'hui le total des recettes est de 581.500 fr. qui se décomposent ainsi :

1. Subvention de la métro-pole.	300.000	francs
2. Impôts indirects. . .	112.000	»
3. Impôts directs . . .	8.500	»
4. Contributions diverses .	161.000	»
Total. . . .	581.500	francs

Les dépenses portant sur ce chiffre sont les suivantes :

1. Dépenses d'administra-tion	161.900	francs
2. Affaires indigènes . .	161.000	»
3. Justice	6.600	»
4. Travaux publics, ports et rades.	202.600	»
5. Services sanitaires . .	18.400	»
6. Dépenses diverses et imprévues	31.000	»
Total. . . .	581.500	francs

Le chiffre le plus important de ce budget, soit

202.600 fr. porte sur les travaux publics et principalement sur l'amélioration de la rade et du port.
Le gouvernement de la colonie sait en effet que Djibouti est avant tout un port. C'est à sa situation de
port de l'Abyssinie qu'est liée sa prospérité commerciale future, grâce à laquelle il deviendra le meilleur centre de ravitaillement, en même temps qu'il
peut devenir un refuge assuré pour nos navires en
danger dans l'Océan Indien.

CHAPITRE IV

DJIBOUTI PORT DE COMMERCE

I. *Routes joignant la côte à l'Abyssinie.*

Quand on eut acquis la certitude qu'Obock ne
serait jamais un point terminus d'arrivée de caravanes, c'est donc sur Djibouti qu'on jeta les yeux.

« Cinq routes partent du Harrar et du Choa pour
aboutir à la mer ; et sans contredit la meilleure est
celle qui se termine à Djibouti.

1° *La route italienne de Massaouah.*

Elle n'arrive au pays Gallas qu'en traversant
l'Amhara et le Tigré, contrées pauvres et monta-
gneuses ; elle est deux fois plus longue et beaucoup
plus difficile que celle de Djibouti.

2° *La route italienne d'Assab.*

Elle parcourt tantôt une région volcanique sans eau et sans végétation, tantôt la plaine pestilentielle de l'Aouache et passe sur le territoire du sultan d'Assaoua, lequel impose des droits énormes aux caravanes. Longue de 900 kilomètres, elle est complètement délaissée.

3° *La route anglaise de Berberah par Boulhar.*

Très peu fréquentée par les caravanes du Harrar, elle traverse des tribus constamment en guerre qui n'admettent pas le passage chez elles des chameaux d'autres tribus. Berberah a très peu de relations avec le Harrar et aucune avec le Choa. Ce port trafique avec d'autres pays de l'intérieur l'Ogaden et les régions somalis de l'Ouest.

4° *La route anglaise de Zeilah.*

Les caravanes ont à franchir dès leur départ de la côte le désert de Menda, absolument aride et sans eau qui les oblige à une marche forcée de 24 heures. Plus loin, elles longent le territoire des tribus pillardes des Gadaboursis et des Abérouals.

Pour ne pas être attaquées les caravanes font généralement un détour, à leur départ de Zeilah, vers Djibouti pour prendre la route française, évitant à la fois le désert de Menda et les agressions des indigènes : elles suivent ensuite le même itinéraire.

5° *La route française de Djibouti.*

Elle traverse une région relativement plane, pourvue sur tout son parcours d'eau et d'herbes pour la nourriture des bêtes de somme. Les facilités de transport sont grandes. Les chameliers Issas s'offrent aux caravanes et exécutent assez ponctuellement leur engagement. Cette route, la plus courte, atteint le Choa en 750 kilomètres et le Harrar en 250 kilomètres. C'est la plus fréquentée et ce n'est que près de la côte que les caravanes la quittent pour atteindre Zeilah (1) ». Le choix qu'on a fait de Djibouti est donc bien justifié.

C'est à l'Abyssinie, ainsi qu'on le voit qu'aboutissent toutes ces routes. En effet les possessions européennes de la côte ne peuvent espérer de prospérité que grâce au trafic commercial qu'elles créeront avec ce pays : c'est pourquoi les nations qui ont fondé ces établissements ont tout tenté pour

1. *Bulletin de la Société Geographique de Lyon*, 1895.

faire prédominer leur influence dans le royaume
d'Ethiopie.

II. *Relations de la France avec l'Abyssinie.*

Les relations de la France avec l'Abyssinie datent
de fort loin.

En 1634, un Français, le sieur Vermeil, de Mont-
pellier, était favori à la cour du Négus : grâce à lui
le bon renom de la France s'étendit jusqu'en ces
lieux et un prince éthiopien, Zaga-Christ, chassé
de son pays, se réfugia à Paris, où il vécut trois
ans.

En 1698, un médecin français établi au Caire,
Poncet, se rendit auprès de l'empereur Yasous.
Celui-ci souffrait d'une espèce de lèpre que rien ne
pouvait guérir. Arrivé en Abyssinie, Poncet guérit
l'Empereur, et son passage laissa une impression
profonde dans le pays.

Aussitôt après le voyage de ce médecin, le Négus
voulut envoyer une ambassade auprès du roi de
France. L'ambassadeur, le levantin Mourah, n'alla
pas plus loin que le Caire, car Louis XIV, par l'intermédiaire de M. de Pontchartrain, ordonna à
M. de Maillet, consul au Caire, de retenir l'envoyé
de l'empereur et de l'empêcher de venir en France

pour des raisons politiques « qui se comprennent sans pouvoir s'écrire ».

Cependant une ambassade française partit le 19 juillet 1704 du Caire pour faire un traité avec l'Empereur. Mais Duroule, vice-consul de Damiette, qui avait été revêtu des fonctions d'ambassadeur, fut assassiné, ainsi que sa suite, le 10 novembre 1705, avant d'arriver en Abyssinie.

, Ce désastre interrompit pendant longtemps les relations de la France avec l'Abyssinie. Quelques religieux qui essayèrent d'y pénétrer payèrent de leur vie cette tentative.

En 1768, un gentilhomme écossais, Bruce, pénétra en Ethiopie et y séjourna jusqu'en 1773.

Deux Français, Combes et Tamisier, tentèrent en vain, en 1835-38, de faire des traités de commerce avec le Négus.

Antoine et Arnaud d'Abbadie séjournèrent en Abyssinie de 1837 à 1848 ; enfin, c'est à Rochet d'Héricourt qu'on doit le traité de commerce avec Salhé Salassi, qui fut signé par Louis-Philippe en 1843, et dont les clauses sont encore en viguenr aujourd'hui.

Puis survinrent les guerres intérieures, qui ensanglantèrent pendant plusieurs années le royaume d'Ethiopie et qui aboutirent au couronnement de

Ménélick. Son avènement au trône ouvrit une ère nouvelle, pendant laquelle des conventions nombreuses furent signées. La France, en particulier, chercha à faire pénétrer son influence pacifique dans les états du Négus. Des missions furent envoyées auprès de Ménélick, afin d'obtenir de lui des avantages commerciaux.

En 1896, M. Lagarde parvint jusqu'à Addis-Ababa et s'assura la bienveillance de l'Empereur. D'ailleurs, le soin qu'apporte le gouvernement français à éviter tout acte qui lui porterait ombrage, fait plus pour établir notre influence que ne pourraient le faire des tentatives d'immixtion dans les affaires intimes de l'Abyssinie.

Cette nouvelle puissance est aujourd'hui très fortement constituée et garde jalousement son indépendance. Grande fut l'erreur de ceux qui crurent pouvoir s'imposer par la force. Les revers qu'éprouva l'Italie sont encore bien près de nous et doivent servir de leçon à ceux qu'une trop grande ambition aveuglerait encore.

Rebelle à toute ingérence politique venant du dehors, l'Empereur Ménélick est doué d'une grande largeur de vue. Il sait que la richesse d'un pays est en rapport constant avec son développement économique ; aussi accueille-t-il avec empressement les étrangers qui viennent enseigner à son peuple les divers métiers qu'il ignore encore. Les Français sont nombreux qui, lors d'un séjour à Addis-Ababa, la capitale de l'Empire, ont dû, pour satisfaire l'Empereur, confectionner sous ses yeux des objets de première nécessité. Il veut être le premier à s'instruire et montrer, par l'intérêt qu'il porte à l'art industriel, son désir de voir ses sujets devenir les égaux des Européens.

L'influence qu'il est permis aux nations européennes de prendre en Abyssinie ne doit donc être basée que sur les nécessités commerciales et industrielles de l'Empire. « La France, disait M. Lagarde, notre représentant en Abyssinie, a toujours considéré l'Ethiopie comme une puissance africaine autonome qui n'a nul besoin de protection européenne particulière.

Aujourd'hui plus que jamais, les Français ne doivent demander que le maintien pour le présent et la sauvegarde dans l'avenir de l'autonomie nationale des Etats soumis à l'autorité respectée de l'Empereur Ménélick. Je ne crois pas qu'il puisse y avoir pour nous une autre politique.

Nous n'avons pas à modifier l'organisation sociale des peuples éthiopiens : ils évolueront d'euxmêmes à leur heure, comme les autres nations chrétiennes évoluent chaque jour par la force irrésistible du progrès.

Les Français ne doivent pénétrer en Ethiopie que pour y faire du commerce ou y créer des industries modernes. Tous nos efforts doivent tendre à bien établir que notre action amicale se bornera à la mise en exploitation des richesses naturelles du pays qui, faute d'outillage économique suffisant, restent encore improductives.

La politique française consiste à seconder les vues de l'empereur sans la moindre arrière-pensée d'immixtion politique dans les affaires intérieures de ses Etats et à lui fournir au contraire tous les éléments de forces nouvelles pour les régler lui-même dans son indépendance absolue. La France est l'alliée pacifique de Ménélick. La France ne menace personne ; elle n'aspire pas à jouer le rôle de puissance protectrice dominante en Ethiopie ».

C'est d'ailleurs dans cette alliance avec l'Ethiopie qu'est tout l'avenir de Djibouti. Au point du vue commercial son développement est intimément lié à la création de relations de plus en plus étendues avec le Choa et le Harrar.

III. — *Le Choa et le Harrar.*

Le territoire du Choa est à peu près circulaire. Il est

borné à l'est par la partie méridionale de la chaîne
de montagnes qui sépare toute l'Abyssinie du désert :
la province de Kaffa le limite à l'ouest, le pays des
Gallas au sud et au nord le royaume de Gondar.

Le Choa, après avoir fait partie du royaume
d'Abyssinie s'en sépara au XVIᵉ siècle et depuis cette
époque resta presque toujours indépendant. Ce n'est
qu'en 1883, à l'occasion du mariage du fils de l'Empereur Joannès aves une des filles de Ménélick, alors
roi du Choa, que cette province se reconnut vassale
de l'Abyssinie. Ménélick fut reconnu publique-
ment par Joannès comme son successeur au trône
d'Ethiopie.

Le Choa est un pays d'une grande richesse. Deux
fleuves l'arrosent, le Nil Bleu et l'Aouache ainsi
qu'un grand nombre de cours d'eau. Le sol est très
fertile et « il est difficile de passer par une transi-
tion plus brusque à un plus ravissant contraste
quand on entre dans le Choa, après avoir parcouru
le pays des Adels. Ce changement de scène tient du
merveilleux. Au pied des montagnes qui forment le
riche plateau du Choa on est au moins à 1.000 mètres
au-dessus du niveau de l'Océan Indien : le plus
haut sommet de la chaîne qui échelonne devant
vous ses étages escarpés, la montagne de Métatite,
est élevé de 3.278 mètres au-dessus du niveau de la

mer et la hauteur du plateau qu'elle domine se sou-
tient encore à plus de 1.500 mètres.

On monte jusqu'à Métatite par de véritables gra-
dins : chaque coteau que l'on gravit se couronne
d'un petit plateau dominé lui-même par une colline
supérieure. On avance à travers des sentiers embau-
més, bordés de haies de jasmins toujours en fleurs ;
à chaque pas des ruisseaux rapides emportent bru-
yamment devant vous les belles eaux des montagnes
que les accidents du terrain brisent en petites cas-
cades » (1).

La population du Choa est environ de trois millions d'habitants.

Le Harrar ou pays des Gallas, dont la capitale
est la ville de Harrar, est situé au sud du Choa et
est séparé de la mer par le territoire des Somalis.

Il est habité par les Harraris, nom que portent les
habitants de la ville de Harrar et de ses environs,
et par les Gallas qui sont répandus dans la cam-
pagne.

Les Gallas restèrent longtemps indépendants et
encore aujourd'hui plusieurs tribus ne reconnaissent
aucune suzeraineté.

---

(1) Rochet d'Héricourt. *Second voyage sur les deux rives de la
mer Rouge, dans le pays des Adels, et le rogaume du Choa.*

Le Harrar dépend aujourd'hui de l'Abyssinie mais dut pendant longtemps subir la domination égyptienne.

Les Egyptiens furent, en effet, appelés par les Harraris, qui toujours en guerre avec les Gallas, voyaient leurs biens menacés par des incursions incessantes. La ville de Harrar était une place forte dont les habitants ne s'éloignaient que fort peu avant 1875, date de l'occupation égyptienne. Une muraille percée de cinq portes et flanquée de tours entourait leur ville dans laquelle les Harraris se réfugiaient en cas de danger. C'est alors que les Egyptiens, à qui les Harraris avaient confié le soin de les défendre, s'établirent dans le pays. Ils firent bientôt regretter par leurs exactions le temps de liberté troublée qui avait précédé leur venue. Il se maintinrent dans le pays jusqu'en 1884.

Les Anglais, après avoir aidé les Harraris à les chasser, voulurent s'y établir, mais l'émir du pays Addou-Laï se déclara indépendant et ils durent se retirer. En 1887, Ménélick résolut la conquête du Harrar. Il vainquit Addou-Laï et le fit prisonnier : cependant il le renvoya bientôt en liberté à Harrar où il administre le pays sous la dépendance du ras Makonnem.

Le pays des Gallas est encore plus fertile que le

Choa. Les voyageurs qui l'ont traversé en parlent comme d'un paradis terrestre. Des plateaux étagés d'altitude différente permettent toutes les cultures.

Aujourd'hui le Gallas est devenu avant tout cultivateur : il est doux, travailleur et sait approprier le sol aux cultures les plus variées. Il est passé maître dans la science de l'irrigation et les ruisseaux qui descendent des montagnes sont une source de richesses pour ce peuple ingénieux. Des prises d'eau habilement ménagées, lui permettent d'arroser successivement les divers terrains qu'il cultive ; aussi le Gallas obtient-il jusqu'à trois récoltes par an grâce à ces deux facteurs si importants dans tous les pays, la chaleur et l'eau.

Le Harraris, au contraire, est commerçant, c'est entre ses mains que se fait tout le trafic du pays. Le Gallas produit, le Harraris vend et la ville de Harrar est le centre commercial de cette région. La population de Harrar s'élevait avant 1890 à 40.000 âmes environs : mais une terrible épidémie de choléra fit périr au moins le tiers de la population.

IV. — *Richesse du Harrar et du Choa.*

Le café du Harrar est très estimé : il pousse sans culture et donne lieu, d'après un rapport officiel à trois récoltes par an : la saison de vente est de mars à octobre. « Cette plante croît chez les Gallas à l'état sauvage et en telle abondance qu'on en mange les grains frits dans du beurre comme les haricots chez nous. Tout le sous-bois des forêts en est garni. Lorsqu'il y a trois ou quatre siècles des marchands arabes pénétrèrent pour la première fois jusque-là, ils en rapportèrent des échantillons. C'est dans la province de Kaffa, l'une des principautés Gallas, qu'ils se les étaient procurés. Revenus chez eux ils semèrent cette « graine de Kaffa » dont la production se propagea en Arabie, puis dont l'usage se répandit bientôt dans le monde entier sous le nom de café de Moka » (1).

A Harrar, le café en grain est acheté à des prix très variables qui vont de 6 à 8 thalaris la frazla de 15 kilogrammes. Le Choa produit également le café, mais il est moins estimé. On ne le vend que par petites quantités.

Le coton pousse aussi fort bien dans le pays des Gallas ; la vanille est également cultivée depuis peu et y vient bien ; enfin l'élevage des vers à soie y réussirait certainement, car les mûriers sont très abondants et le climat s'y prête admirablement.

1. *Les Français à Obock*, par Denis de Ryvoire.

Toutes les variétés de céréales malgré une culture parfois rudimentaire réussissent à merveille. D'après M. Arnoux, un des promoteurs des relations commerciales avec l'Abyssinie, le blé est de fort belle qualité, ainsi que l'orge. Le *tef* donne une petite graine qu'on a comparée au millet. Sa tige frêle et mince n'atteint pas moins de 50 à 60 centimètres. Il y a plusieurs variétés dans les graines : la blanche est la plus estimée et l'on fait avec elle la *tavieta*, sorte de pain en forme de galette très léger et très blanc, mais fort peu nutritif.

Les légumes de toutes sortes viennent fort bien. La *chimbera* est une sorte de pois dont les indigènes sont très friands. Les pois chiches, les haricots blancs et de couleurs, de petites fèves, le dourah, le maïs sont bien cultivés. On rencontre quelques champs de cannes à sucre mais en petite quantité : le ricin, le safran, l'indigo poussent naturellement.

Des pêchers, des grenadiers, des pruniers, des citronniers, des orangers, des cédratiers, des bananiers, donnent des fruits succulents.

Le piment rouge, le poivre rouge, le gingembre et une foule d'épices et de plantes aromatiques viennent à merveille.

La vigne est pour ainsi dire à l'état sauvage, mais donne de très bons résultats quand on la cultive.

L'ivoire du Choa et du Harrar est très apprécié : les troupeaux d'éléphants sont nombreux, même dans les régions actuellement exploitées : les indigènes de la région, qui s'étend du Kaffa aux lacs, forment, dit-on, avec les défenses des éléphants des palissades autour de leurs paillottes. Ces dents atteignent quelquefois des poids très élevés. Le Négus en a envoyé en Europe qui pesaient 240 kilogrammes et mesuraient 2 mètres 50. On en trouve souvent qui pèsent de 60 à 80 kilogrammes.

L'or est assez commun au Choa. Il se vend à l'*ockiet*, mesure qui représente en poudre d'or le poids d'un thalari : l'ockiet vaut environ de 18 à 20 thalaris. Les indigènes le mélangent avec du platine et le façonnent en lingots et en anneaux : c'est sous cette dernière forme qu'il est préféré et qu'il se vend le plus cher.

Le musc et la civette font l'objet au Choa d'un commerce sérieux ; la valeur en est de un thalari et demi l'ockiet en moyenne.

Ces pays déjà si riches semblent appelés à un développement très rapide quand des relations commerciales régulières, fréquentes et faciles auront été établies entre la côte et l'intérieur. Déjà, sans doute, des caravanes échangent contre les produits européens les richesses qu'elles exportent du plateau abyssin : mais qu'est-ce à côté de l'avenir facile à présager ? Un sol presque vierge rendra au centuple la semence qu'on lui aura confié ; les industries les plus diverses surgiront grâce aux découvertes de gisements de houille et de minerai (1). On verra l'ancien royaume de la reine de Sabà devenir bientôt l'égal des nations européennes dont il accepte l'aide et les conseils mais refuse la protection.

V. — *Commerce de l'Abyssinie.*

Quelques données sur le commerce actuel du Harrar renseigneront exactement sur les résultats déjà acquis en Abyssinie et sur ce qu'on peut encore espérer.

Les chiffres que nous donnons ont été fournis par M. Riès conseiller du commerce extérieur à Aden (2).

I. — *Exportations du 1ᵉʳ avril 1897 au 31 mars 1898.*

L'ensemble des exportations s'est élevé à 6.935.000 francs pour sept articles seulement.

1. *Journal de Djibouti* du 14 avril 1900, M. Comboul, ingénieur, rapporte avoir trouvé des gisements de houille et de minerais de fer en Ethiopie, à la grande joie de Ménélick.
2. *Moniteur officiel du commerce* et M. Vigneras dans l'opuscule : *La côte française des Somalis*.

Le café entre dans ce total pour une somme de 3.500.000 francs. C'est assurément un article destiné à un grand avenir car les terres où le café est bien cultivé, ne sont qu'une faible partie des terres utilisables.

Puis viennent l'or avec 1.400.000 francs, l'ivoire avec 1 million de francs, les peaux de toute espèce avec 615.000 francs, la civette avec 345.000 francs, la cire avec 75.000 francs.

L'exportation ne porte pas sur tous les produits abyssins. En laissant de côté ceux qui semblent réservés à la consommation indigène (dourah, piment rouge), d'autres peuvent très bien devenir l'objet d'une exportation de quelque importance. Les bois précieux, avec des moyens de transport plus pratiques, viendraient s'ajouter à ceux que nous tirons de l'Afrique occidental. Le coton très beau et usité seulement pour le tissage des toges indigènes, n'attend pour voir sa production s'accroître qu'une demande régulière du commerce européen. Enfin les pays Issas fournissent un contingent insuffisamment utilisé de gommes.

II. — *Importations.*

Les importations, pendant la même période, ont

atteint le chiffre de 12.482.000 francs, répartis sous 7 chefs principaux.

1° Objets d'alimentation : 439.500 francs, 18 articles.

Le sel tient la tête avec 160.000 francs. Il est tiré en partie du lac Assal, situé sur le territoire français de la côte des Somalis. Le sucre, qui vient ensuite avec 97.000 francs est expédié de Trieste et de l'île Maurice. Pour les liqueurs (absinthe Pernod, Picon, cognac ordinaire, rhum, absinthe inférieure), la France accapare la moitié de la somme de 88.500 francs qu'elles représentent. Elle partage avec la Grèce pour les vins rouges, qui montent à 41.000 francs.

L'Abyssinie, abondant en richesses agricoles de toute sorte, ce n'est évidemment pas du côté de l'alimentation que doivent porter surtout les efforts des exportateurs européens.

2° Cotonnades : 7.228.000 francs, 13 articles.

Ici les cotonnades américaines atteignent le plus gros chiffre avec 2.500.000 francs. Employées par les indigènes (Abyssins et Musulmans), qui s'en font des pantalons et, sauf dans la classe aisée, des chemises, elles représentent, par la quantité et la facilité de leur écoulement, un des articles les plus intéressants de l'exportation, et il est regrettable

que la France en ait abandonné à d'autres le monopole.

On peut faire la même observation pour les
Indiennes (1.325.000 francs) fabriquées à Manches-
ter et emportées de Bombay par les marchands
indiens, ainsi que pour les cotonnades blanches
rayées (1.500.000 francs, Angleterre et Allemagne),
réservées aux chemises des indigènes aisés.

Les cotonnades rouges exportées des Indes néerlandaises et d'Allemagne et employées pour vête-
ments de femmes, les pagnes, exportés d'Angleterre
et de Suisse, fournissent aussi un contingent appréciable (600.000 francs et 500.000 francs).

Notons enfin : les filés cotons (380.000 francs,
Allemagne) ; les cotonnades bleues (175.000 francs,
Indes anglaises et néerlandaises) ; la mousseline
(100.000 francs, Angleterre et Allemagne).

Même à supposer des progrès très rapides chez les
indigènes, ces articles, qui demandent un outillage
compliqué, ne pourront de longtemps être produits
par les Abyssins, et resteront pour l'initiative et
l'ingéniosité des industriels européens l'occasion des
transactions les plus considérables.

3° Lainages : 540.000 francs, 5 articles.

Nous relevons : Tapis d'Europe (200.000 francs,
Angleterre et Autriche) ; tapis d'Orient (175.000

francs, Bassorah), draps noirs pour burnous (160.000 francs Allemagne).

Sauf le dernier article, la somme est constituée par des objets de luxe, de consommation momentanément limitée.

4° Soieries : 249.000 francs, 3 articles.

La soie, employée seulement par les grands et les églises, est importée pour 200.000 francs, représentant des étoffes communes, venues de France, d'Allemagne et de Suisse, les satins noirs pour 40.000 francs.

5° Armes et munitions : 3.023.000 francs, 9 articles.

Les armes se vendent couramment, mais le Négus et le ras Makonnem sont les deux plus grands acheteurs. Le fusil préféré est le fusil Gras, qui, avec quelques fusils de modèles divers, constitue le plus gros chiffre de l'importation, 2.500.000 francs, auxquels il faut joindre 250.000 francs de cartouches Gras. Les sabres, en particulier les anciens modèles de cavalerie, fournissent une somme de 100.000 fr., les revolvers 70.000 francs, les munitions pour revolvers et fusils autres que les Gras, 80.000 francs.

La France tient la première place dans cet article dont l'importation, étant donné le goût des Abyssins pour les armes, ne peut que se développer parallèlement au développement de la richesse générale du pays.

6° Verreries et verroteries : 1.075.000 francs, 4 articles.

En dehors des perles importées d'Allemagne et de Trieste pour une somme de 1.000.000 de francs, il faut noter 70.000 francs de carafons et verres de provenance française, belge et autrichienne.

7° Divers : 1.277.500 francs, 24 articles.

Ce chapitre comprend des articles d'importance variée, parmi lesquels figure en première ligne pour 180.000 francs la coutellerie, importée de France, d'Angleterre et d'Allemagne. Les objets émaillés, de provenance uniquement allemande approchent de la coutellerie avec leur chiffre de 175.000 francs. Trois objets : tasses à café avec anses, limes, chapeaux se présentent chacun avec une importation de 150.000 francs. Pour les deux premiers, l'Angleterre et l'Allemagne se partagent la vente ; pour le troisième, la France est l'unique fournisseur. Enfin 5 articles, papier à écrire, parfumerie, peaux maroquinées, lampes, plaques à pain atteignent chacun 50.000 francs ; l'importation française l'emporte de beaucoup pour les deux premiers.

L'examen de ces chiffres doit servir d'indication à l'industrie française, qui trouve en Abyssinie un terrain éminemment pratique à son activité. C'est par Djibouti et Zeilah que se fait presque tout le trafic : c'est d'ailleurs une des raisons d'être de Djibouti, qui ne peut prospérer que comme port de l'Abyssinie.

VI. — *Commerce local de Djibouti*.

En effet, le commerce local que peut faire naître la production du sol dans notre colonie est presque nul et ne peut augmenter que dans des proportions peu importantes, étant donné le peu de richesse du pays.

La nacre, que l'on trouve en assez grande quantité sur certains points de la colonie, surtout aux îles Muscha et à l'entrée du Gubbet-Khara, est de qualité médiocre; il s'en vend fort peu à Djibouti, mais la presque totalité de la pêche se faisant dans nos eaux, ce commerce devra plus tard se localiser à Djibouti et devenir plus productif.

On ne se livre également sur la gomme qu'à des transactions peu importantes.

Le commerce des peaux est fort restreint, mais se développera dans la suite.

L'encens qu'on récolte dans les pays avoisinant la

mer est de qualité inférieure. On en exporte une petite quantité dans l'Inde.

Le séné est assez commun sur notre territoire : les indigènes apportent les follicules à Djibouti, ce qui donne lieu à un commerce peu important.

Les troupeaux sont nombreux aux environs de Djibouti et seront dans la suite l'objet de transactions nombreuses.

Il ne faut donc pas compter sur ces quelques produits pour donner de l'importance à notre marché qui ne pourra prendre de la vie que par les relations qu'il liera avec l'Ethiopie.

VII. — *Itinéraire des caravanes et coût de transport.*

Jusqu'en juillet 1900 les relations commerciales avec l'Abyssinie étaient établies nécessairement par caravanes. Comme nous le verrons, un tronçon du chemin de fer Djibouti-Harrar a été inauguré à cette époque et la Compagnie prend à sa charge le transport des marchandises ; mais jusque-là le chameau était le seul moyen pour traverser le désert.

Les caravanes partant encore de Djibouti, sont dirigées par un chef responsable ou *Abane*.

La charge de chaque chameau ne doit pas dépasser 15 frazlas (1) d'Aden soit environ 210 kilogrammes.

Le prix du chameau pour aller de Djibouti à Gueldeïssa où se trouve la douane abyssine est de 30 roupies (au taux actuel : 1 fr. 75) plus un thalari pour l'abane (2 fr. 40).

De Gueldeissa à Harrar on prend de nouveaux chameliers au prix de quatre thalaris par chameau.

De Djibouti à Gueldëïssa on compte environ 250 kilomètres et l'on met 21 jours à faire cette première partie du voyage. La distance entre Gueldeïssa et Harrar est de 65 kilomètres qui sont parcourus en 3 ou 4 jours.

A Gueldeïssa on doit payer une taxe de 8 o/o *ad valorem* des marchandises à l'entrée.

En somme le prix de transport d'une tonne de marchandises de Djibouti a Harrar est très élevé ; on l'évalue à 300 fr. environ. Par conséquent, seules les marchandises représentant une valeur assez grande sous un petit volume peuvent supporter des charges aussi lourdes.

La route du Harrar à Addis-Ababa et Ankober

---

1. La frazlas est un poids : il y en a trois sortes :

la frazlas d'Aden = 14 kilog.
» du Harrar = 17 kilog.
» du Choa = 13 kilog.

suit la région montagneuse du Tchercher ; elle la quitte pour atteindre Tadeltcha-Malca. De ce point partent deux routes : celle d'Addis Ababa et celle d'Ankober. Les mulets et les ânes remplacent les chameaux pour le transport des marchandises à Ankober, car ceux-ci, ne peuvent être employés dans cette région montagneuse.

Il existe aussi une route directe de Djibouti au Choa ; c'est la route du désert. Cette route, fort peu suivie, n'est fréquentée que par les gros négociants et par ceux qui peuvent se protéger efficacement par une nombreuse troupe armée. La région traversée est en effet infestée de tribus pillardes qu'il faut tenir en respect.

Les caravanes passent par Lalibella avant d'atteindre Tadeltcha-Malca que traversent toutes celles qui vont au Choa ou en descendent.

De Djibouti à Lalibella la charge de 200 kilog. coûte 25 roupies ; de Lalibella à Baltchi 12 thalaris. Le chameaux n'allant pas plus loin que Baltchi dans la direction d'Addis-Ababa, les charges sont mises sur des mulets et sur des ânes : on traite à forfait, mais les prix demandés sont généralement de 1 thalari pour la charge d'âne (30 kilogs) et de 3 thalaris pour la charge de mulet (60 kilog).

Ce sont la roupie et le thalari qui servent à payer

les abanes ou organisateurs des caravanes. Ce sont en effet les monnaies les plus répandues.

La roupie n'est autre que la monnaie indienne qui, à cause du trafic qui existe depuis fort longtemps avec l'Inde, a pénétré sur la côte des Somalis : elle vaut 1 fr. 75.

Le thalari est la monnaie abyssine : il y en a deux sortes : le thalari de Ménélick et le thalari de Marie-Thérèse.

Le thalari équivaut à notre pièce de 5 francs mais n'a d'autre valeur dans le commerce que sa valeur intrinsèque soit de 2 fr. 20 à 2 fr. 40.

Le thalari de Marie-Thérèse est le plus répandu ; par suite d'un accord, l'Autriche a conservé le droit de continuer la frappe de l'écu de cinq francs à l'elfigie de Marie-Thérèse et à la date de 1780.

La monnaie française commence également à être connue parmi les indigènes.

VIII. — *Commerce général de la Colonie*

Le chiffre que nous possédons sur le commerce général de Djibouti porte sur une période fort restreinte. En effet avant le mois de mai 1899 aucun relevé de douane n'avait été fait et nous n'avons de renseignements que sur la période de mai à décembre 1899.

Cependant l'examen du trafic de cette période a son importance car elle montre clairement quels sont les objets et les denrées sur lesquels devra se porter l'attention des commerçants.

L'article le plus intéressant par sa valeur et son avenir est assurément le café.

Ce café exporté de Djibouti provient d'Abyssinie et d'Arabie.

A la date du 10 février 1900 sur la place de Djibouti

Le Moka était à 180 fr.   les 100 kilog.

Le Harrari   »   150 ou 160 fr.   »

L'Abyssin   »   90 ou 110 fr.   »

A Harrar le café abyssin valait de 44 fr. à 55 fr. les 100 kilogr. et le Harrari 105 à 110 fr.

Les peaux et le café sont l'objet d'un certain trafic à la côte, tandis que l'or, la civette, l'ivoire, la cire sont envoyés par les commerçants d'Abyssinie à leurs correspondants de Djibouti, dont le rôle consiste à expédier ces produits à une adresse indiquée.

Les produits importés à Djibouti peuvent se diviser en deux classes distinctes :

les objets d'alimentation,

Tableau des Exportations de la Côte française des Somalis de Mai à Décembre 1899 (1).

OBJETS EXPORTÉS	Unité	QUANTITÉS EXPORTÉES PAR PAYS DE DESTINATION										Total des Quantités	PRIX moyen en francs de l'unité	Valeur totale	PRIX du frêt pour la France.
		France	Angle-terre	Aden	Zeilah	Egypte	Belgique	Yémen	Turquie d'Asie	Indo-Chine	Divers				
Peaux de bœufs..	»	»	»	302	»	»	»	»	»	»	47	349	5 »	1.745 »	»
Peaux de moutons et de chèvres...	»	60	»	31.898	5.363	»	»	»	»	»	»	37.321	2 »	74.643 »	»
Cire brute animale	kil.	11.849	»	»	»	»	»	»	»	»	»	11.849	1 92	22.850 »	40 fr. les 1000 kil.
Ivoire...........	kil.	839	830	4.023	»	»	10.040	»	»	»	»	15.732	20 »	314.640 »	1 0/0 de la valeur.
Civette..........	kil.	182	»	101,5	»	»	»	2.8	»	»	»	286,3	345 »	98.773.50	1 0/0 de la valeur.
Café............	kil.	41.855	»	3.368	»	»	»	»	4,02	2.377	»	48.002	1 11	53.282.22	40 fr. la tonne.
Or..............	gr.	7.100	»	»	»	3.120	»	»	»	»	»	10.220	3 30	33.726 »	1 0/0 de la valeur.
											Total des	exportation.......		599.659.72	

1. Parmi tous les produits énumérés au tableau, les peaux seules acquittent à la sortie un droit de o fr. o5 pour les peaux de chèvres et de moutons, et de o fr. 25 pour les grandes peaux. Les expéditions à destination de France sont faites en exemption de ce droit.

les produits manufacturés.

Les premiers répondent à des besoins locaux qui se sont fait jour dès le début et qui ne varieront pas beaucoup.

En ce qui concerne les seconds, des nécessités nouvelles naîtront avec le développement économique et alors apparaîtra le besoin de ces mille articles, inutiles jusqu'alors et qui grossiront le chiffre de l'importation dans ces parages.

Pour les produits de consommation presque européenne, tels que conserves, fromages, vins liqueurs, la France occupe la première place ; c'est l'Angleterre qui détient le maximum d'importation pour le tabac, l'orge, le dourah, les dattes ; peut-être pourrons-nous lutter avec avantage en introduisant le riz de l'Indo-Chine alors qu'il vient presque tout entier de l'Inde. Enfin nos raffineurs pourraient trouver un débouché et lutter avantageusement contre les sucres autrichiens, s'ils voulaient livrer des produits moins purs mais à meilleur compte.

Ce sont les tissus qui sont le principal article d'importation. La France n'a pris qu'une faible part à cette importation tandis que l'Angleterre est représentée par un chiffre très important.

La catégorie de tissus de coton écru comprend surtout l'*Abou-Djedid,* sorte de toile de coton d'un

OBJETS IMPORTÉS	Unités	QUANTITÉS IMPORTÉES PAR PAYS DE PROVENANCE									Total des quantité	Prix moyen de l'unité	Valeur totale	Droits à l'entrée
		France	Angleterre	Aden	Zeilah	Egypte	Indes	Autriche	Yemen	Grèce				
Saindoux	kil.	6.687	»	»	»	»	»	»	»	»	6.687	1.45	9.686.15	Franchise
Fromage	»	4.344	»	1.892	»	1.412	»	»	»	»	7.645	3.45	26.375.25	—
Beurre	»	1.947	»	343	»	677	»	»	»	»	2.967	1.90	5.637.30	—
Beurre indigène	»	»	»	34.585	33.132	»	»	»	2.306	»	70.023	2 »	40.046 »	—
Orge	»	2.000	»	371.163	»	310	»	»	»	»	373.473	0.18	67.225.14	1 fr. par 100 kil.
Dourah	»	»	»	860.000	»	»	»	»	14.750	»	874.850	0.24	216.940 »	—
Riz	»	4.445	»	791.339	2.250	1.175	»	»	»	»	802.209	0.26	208.574.34	2 fr. par 100 kil.
Farines	»	178.100	»	475.841	»	»	»	»	»	»	653.941	0.30	196.182.30	—
Dattes	»	»	»	219.484	6.900	»	»	»	51.481	»	277.867	0.20	55.573.40	—
Sucres bruts et vergeoises	»	»	»	42.933	»	»	»	5.550	»	»	48.483	0.40	19.385.20	Franchise
Sucres raffinés	»	8.475	»	19.692	»	10.440	»	4.180	»	»	42.787	0.43	1.483.61	—
Tabacs en feuilles	»	»	»	28.665	»	2.577	»	»	»	»	34.796	1 »	34.796 »	15 fr. par 100 k.
Tabacs fabriqués	»	3.324	»	7.009	»	182	3.554	»	»	»	10.515	8 75	135.006.25	25 — par 100 k.
Huile de sésame	»	»	»	36.225	»	»	»	»	»	»	36.225	1 »	36.225 »	5 — par 100 k.
Bois à construire	stère	27	»	430	»	»	»	90	»	»	567	100 »	56.700 »	Franchise
Vins en futaille	litre	126.345	»	700	»	30.893	»	»	»	2730	160.668	0.54	86.760.72	5 fr. par hect.
Vins mousseux	bout	6.535	»	»	»	6	»	»	»	»	6.541	7.25	5.105.70	0 fr. 25 par bout.
Bière	»	37.838	»	528	»	390	»	»	»	»	38.756	0.85	32.982.60	0 fr. 05 par bout.
Eaux-de-vie tirant moins de 70 degrés	litre	3.596	»	»	»	990	»	»	»	»	4.586	3.11	14.262.46	—
Alcools tirant plus de 70 degrés	»	3 537	»	216	»	842	»	»	»	»	4.595	3.12	14.336.40	30 à 50 fr. par h.
Liqueurs	»	2.786	»	58	»	268	»	»	»	»	3.112	4.91	15.279.92	100 fr. par hect.
Houille	tonne	1.000	»	»	»	»	»	»	»	»	8.874	40 »	354.960 »	30 fr. par hect.
Pétrole	kil.	150	7.874	52.564	»	»	»	»	»	»	52.714	0.20	10.542.80	Franchise
Conserves de viande et de gibier en boîtes (2)	boîte	3.903	»	29 1/2	»	»	»	»	»	»	3.932 1/2	2 »	7.865 »	2 fr. par 100 k.
Conserves de légumes	»	6.269 1/2	»	1.471	»	781	»	»	»	»	8.512 1/2	2 »	17.043 »	Franchise
Total													1.668.974.54	—

1. Les droits à l'entrée portés au tableau sont perçus à titre de taxe de consommation (2). Conserves de viande et de gibier en boîtes : France 7.806 fr. ; Aden 56 fr. Conserves de légumes : France, 12.539 fr. ; Aden, 2.942 fr. ; Egypte, 1.562 fr.

Tableau des importations de la Côte française des Somalis de Mai à Décembre 1899.

B. — Produits manufacturés.

OBJETS IMPORTÉS	Valeur en francs des objets importés par pays de provenance							Valeur totale	Droits à l'entrée
	France	Angle-terre	Aden	Egypte	Belgique	Autriche	Turquie d'Asie		
Savons...............	21.894	»	1.082	•	»	»	»	22.966	Franchise
Bougies.............	5.971	»	406	94	»	»	»	6.471	—
Tissus de coton écrus.	10.859	89.174	75.283	»		»	»	175.316	—
Tissus de coton blanchis teints et imprimés.............	28.277	62.439	64.154	4.905	»	»	3.080	168.855	—
Tissus de soie........	91.258	3.597	10.702	»	»	»	»	105.557	—
Vêtements confectionnés.................	23.415	1.100	9.580	962	»	»	»	34.737	—
Chaussures..........	13.345	1.287	2.916	545	»	»	»	18.093	—
Coutellerie..........	12.957	»	707	»	»	2.246	»	15.910	—
Articles de ménage....	14.941	»	3.255	»	20.985	»	»	39.181	—
Meubles.............	15.495	»	3.333	149	»	902	»	19.879	—
Bimbloterie..........	16.128	»	1.581	2.151	»	316	»	20.176	—
Total.........	254.240	157.597	172.999	8.806	20.985	3.464	3.080	621.171	

écoulement facile en Abyssinie. D'après le bulletin commercial de Djibouti la balle de 25 pièces se vend dans notre colonie de 106 à 115 roupies soit 180 à 196 fr. Cette variété de tissus est manufacturée aux Etats-Unis et en Angleterre : Rouen, dit-on, s'est mis à fabriquer ce genre d'étoffe, qui a un grand succès auprès des indigènes.

Les tissus teintés et imprimés consistent surtout en indienne légère vendue au détail de 25 cm. à 50 cm. le mètre.

Les tissus de soie sont presque en totalité d'origine française. Il s'agit de tissus de soie mélangés de coton, de satins, failles et brocards expédiés de Lyon. Destinés à l'Abyssinie, ils sont vendus aux Abyssins descendant à Djibouti ou aux importateurs.

IX. — *Raisons qui font encore préférer la route Zeilah-Harrar.*

Il semblerait tout naturel que tous les produits importés à Djibouti et qui sont réexportés en Abyssinie, empruntent la route la plus courte pour parvenir à destination. Il n'en est rien cependant. Sans doute de nombreuses caravanes partent de Dji-

bouti (1) et peu à peu ce point deviendra la principale tête de ligne des routes vers l'intérieur. Mais la
ville anglaise de Zeilah est encore le grand centre
du commerce de la côte. Cette ville, pourtant, est
loin d'avoir une situation comparable à celle de Djibouti. Elle est située au sud-est de notre colonie
en suivant la côte vers le cap Gardafui. Les navires
n'y trouvent aucun port : c'est une simple rade fo-
raine exposée aux vents de moussons du sud : le
mouillage se trouve à plusieurs milles de la côte :
l'eau qu'on y trouve est de mauvaise qualité et
fort rare.

Quelles sont donc les raisons qui encore à l'heure
actuelle décident nombre de commerçants à emprun-
ter cette voie ?

Une ligne de petits vapeurs reliant Zeilah à Aden
transporte à ce dernier port les produits parvenus à
Zeilah, notamment le café dont Aden est le marché
et où ceux de bonne qualité, tels que le Harrari,
sont ensuite vendus sous le nom de Moka.

Il en résulte que les chameaux qui ont porté des
marchandises à Harrar trouvent un chargement s'ils
descendent sur Zeilah, alors qu'ils reviennent souvent à nu s'ils se dirigent sur Djibouti. De là, une

1. Les caravanes entre Djibouti et Harrar ont employé 2488
chameaux pendant le trimestre qui finit en décembre 1899.

abondance de bêtes de somme à Zeilah et une diminution de prix.

De plus la voie de Zeilah était pratiquée à une époque ou Djibouti n'existait pas : les commerçants abyssins sont donc habitués depuis longtemps à faire diriger leurs marchandises sur le port anglais.

Cependant la voie de Djibouti est moins onéreuse pour un grand nombre d'articles par suite de droits de douanes dont ils sont grevés à Zeilah, tandis qu'ils traversent en franchise notre territoire.

Pour 64 colis de marchandises diverses expédiées par Zeilah au Harrar, les frais ont été les suivants (1) :

Frais de douanes à Zeilah . . 427 francs
Frais de chameliers, 16 charges
   à 28 roupies. . . . . . 751 »
               Total. . 1.178 »

par Djibouti les frais auraient été :

Frais de douanes, néant.
Frais de chameliers, 16 charges
   à 38 roupies. . . . . . 1.033 »
Différence en faveur de Djibouti . . . . 145 »

Mais pour un grand nombre de produits importés

1. Chiffres donnés par un commerçant.

le plus communément en Abyssinie, la voie Zeilah
Harrar est encore la moins onéreuse, surtout depuis
que le tarif de Zeilah, qui, autrefois, à l'importation était de 5 o/o *ad valorem*, a été abaissé dans de
notables proportions pour ces articles. Même pour
les produits qui continuent à payer le droit ancien,
il y a avantage à passer par Zeilah à cause des facilités qu'on y trouve pour former des caravanes.

Cet état de choses doit-il se modifier en faveur de
Djibouti? Il ne peut y avoir aucun doute. Le seul
abaissement du tarif douanier de Zeilah démontre
déjà la concurrence qui existe entre les deux villes.
La cause de l'infériorité actuelle de Djibouti réside
uniquement, avons-nous vu, dans la cherté des
transports. Le but que l'on doit poursuivre est donc
l'abaissement des prix en attirant le trafic dans notre
port. Sans doute, d'ici longtemps, Aden sera encore
le grand marché de ces parages, mais un grand
effort sera fait quand la majorité des marchandises
transiteront par Djibouti. Le moyen d'atteindre ce
but c'est d'assurer aux commerçants, la rapidité des
transports, une économie plus grande jointe à une
véritable sécurité. C'est à cela que répondra le chemin de fer qui doit relier Djibouti au Harrar d'a-
bord, puis au Choa, en atteignant Addis Ababa,
capitale de l'Ethiopie.

CHAPITRE V

C'est en 1894 que MM. Ilg et Chefneux obtinrent
la concession d'une voie ferrée reliant l'Abyssinie à
la côte française des Somalis.

Le gouvernement français donna l'autorisation
de passer sur son territoire. Ménélick, dans le but
de favoriser l'établissement de cette ligne, accorda
quelques avantages aux concessionnaires.

La Compagnie que devait créer MM. Ilg et Chefneux acquérait le monopole de la construction et de
l'exploitation des voies ferrées en Ethiopie.

Au terme de la convention du 9 mars 1894, afin
d'assurer l'intérêt des capitaux engagés dans la construction de la voie, le gouvernement éthiopien a
accordé à la Compagnie le privilège de prélever un
droit de 10 o/o sur la valeur des marchandises mon-

tant ou descendant ; ce prélèvement devra être réduit à 5 o/o lorsque les bénéfices nets atteindront 2.500.000 fr., et complètement supprimés lorsque les bénéfices atteindront 3 millions.

Une concession de terrains de 500 mètres de chaque côté de la voie sera par l'aliénation qu'en fera plus tard la Compagnie, une source de revenus.

Enfin Ménélick, gros actionnaire de la Compagnie, a un intérêt personnel à voir réussir cette entreprise.

En regard de ces avantages, l'Empereur a demandé un tarif spécial pour le transport de ses troupes. Après une période de 99 ans la voie ferrée et les constructions qui en dépendent retourneront à l'Abyssinie. Le matériel roulant et les approvisionnements seront rachetés à la Compagnie suivant expertise qui sera faite alors.

MM. Ilg et Chefneux cédèrent leur monopole à la Compagnie impériale des chemins de fer Éthiopiens actuellement au capital de dix-huit millions, et qui a émis 12.916.750 fr. d'obligations.

A ce moment commencèrent les premières difficultés. L'Angleterre, étonnée de notre initiative, surprise par la rapidité des négociations, cherchait à faire échouer l'entreprise. Des bruits alarmants étaient répandus par ses agents pour empêcher de réunir les capitaux nécessaires : tantôt la construction de la voie devait rencontrer des obstacles insurmontables ; tantôt un chemin de fer partant soit d'Assab, soit de Zeilah, soit de Berberah, était commencé qui serait terminé avant le chemin de fer français. Ajoutez à cela la timidité des capitaux français à s'engager dans une entreprise coloniale, il sera aisé de comprendre que la période d'étude ne put commencer qu'à la fin de 1896.

La route suivie par les caravanes était tout indiquée pour y tracer la voie ferrée : on devait y rencontrer les points d'eau nécessaires à l'alimentation des machines, et les quelques petites agglomérations existantes, en se développant économiquement grâce au chemin de fer, lui fourniraient dans la suite des marchandises à transporter. D'ailleurs c'était la voie la plus courte pour atteindre le Harrar, aussi s'en est-on fort peu écarté.

Le tracé de la ligne partant de Djibouti, après avoir suivi une direction sud-ouest, s'infléchit vers le sud pour atteindre le Harrar.

La région qu'il traverse est comprise dans la zone désertique qui entoure nos possessions de la côte des Somalis.

Cette région peut se diviser en deux parties bien distinctes. La première est montagneuse et le chemin de fer, à peine sorti de Djibouti, atteint dès son centième kilomètre l'altitude de 550 mètres. Le pays est coupé de ravins fort profonds qui ont nécessité des travaux d'art assez importants.

Au 130e kilomètre on entre dans une vaste plaine, sans variation notable d'altitude, où les travaux pourront être menés rapidement jusqu'au pied du massif du Harrar.

D'après les premiers projets de la Compagnie, le chemin de fer devait aboutir à la ville de Harrar même , mais des difficultés nombreuses s'opposèrent à leur réalisation. Sans parler des frais considérables qu'eût nécessités la construction de la voie ferrée à travers les monts des Obora, où un col de 2.030 mètres d'altitude est la seule trouée pour atteindre Harrar (1.800 m.), il eût fallu compter avec le régime de la propriété dans ce pays.

En effet, si Ménélick a accordé une concession de 1 kilomètre de large le long de la voie ferrée, ce n'est que dans la partie de son empire où la terre est inoccupée, c'est-à-dire dans le désert. Mais là, où des propriétaires nombreux détiennent un territoire fort divisé, et où grâce à une fertilité prodigieuse le sol a une grande valeur, la Compagnie de chemin de fer eut dû faire une dépense énorme pour acquérir les terrains nécessaires à la construction de la voie.

Aussi se décida-t-elle à arrêter cette voie au 290e kilomètre au pied des monts, à environ 80 kilomètres de Harrar. La ville nouvelle qui surgira en cet endroit se nommera Addis-Harrar. C'est là que sera établi le grand entrepôt des marchandises qui seront transportées par le chemin de fer et il est certain que, au bout de peu de temps, Harrar se verra supplanté par cette ville toute artificielle.

C'est également d'Addis-Harrar que partira la voie qui doit atteindre Addis-Ababa, joignant ainsi Djibouti à la capitale de l'Abyssinie par une ligne ferrée de 1.000 kilomètres environ.

Mais malheureusement pour notre colonie, le jour où on verra le réalisation totale de ces projets est bien lointain.

La partie Djibouti-Harrar, elle-même, n'est pas prêt d'être terminée.

Les travaux ont été commencés à la fin de 1897 et ce n'est qu'au 14 juillet 1900 qu'a été inauguré le trafic sur un tronçon de 108 kilomètres.

A quoi tient cette lenteur dans la construction de la voie ferrée ? Comment se fait-il que sur une longueur de 290 km. moins de la moitié soit ouvert au commerce après plus de deux ans de travail ?

Une certaine indécision s'est parfois manifestée, dit-on, dans la direction des travaux : mais les difficultés d'ordre matériel sont surtout cause de leur peu d'avancement.

Au début la main-d'œuvre était rare, les approvisionnements difficiles : le matériel envoyé d'Europe s'égarait quelquefois sur les mers : il fallait se protéger contre les Issas, toujours prêts à piller les campements. Enfin un soleil de feu sous lequel il est impossible de travailler, le manque d'eau qu'il fallait souvent chercher au loin, tout concourait à retarder l'accomplissement de cette grande œuvre.

Aujourd'hui la main-d'œuvre est plus facile à trouver : la Compagnie emploie environ 2.500 ouvriers dont 600 Européens, des Italiens surtout : le reste est composé d'Arabes et de Somalis. Les Européens, sont payés 7 à 8 francs par jour et les indigènes 1 fr. 50 à 2 fr. : ils travaillent 8 heures par jour, 4 heures le matin et 4 heures le soir.

Les indigènes sont surtout employés comme manœuvres à faire l'infra-structure de la voie ; ils sont commandés par des entrepreneurs, des tâcherons et des sous-tâcherons.

Les ouvriers européens sont employés principalement à l'armement de la voie. Ce sont eux qui manœuvrent *ce wagon poseur* qui, après avoir été expérimenté en Tunisie, rend de si grands services pour la construction de la voie ferrée de Djibouti au Harrar.

Des tronçons de rails, prêts à être posés, c'est-à-dire réunis par leurs traverses, sont chargés sur plusieurs wagons. Ces tronçons sont superposés et grâce à un système de cylindres mobiles, une sorte de grue placée à l'extrémité d'un wagon spécial, le wagon poseur, les attire facilement pour les suspendre exactement au-dessus de l'endroit où ils seront posés. Il ne reste plus qu'à les placer sur la terre, à les réunir au tronçon précédent, et à les fixer sur le sol. Le convoi s'avance alors sur la partie qui vient d'être assujettie et le wagon s'occupe de poser un nouveau tronçon.

Quelques ouvrages d'art assez remarquables ont été construits dans la partie qui va jusqu'au kilomètre 108.

Au kilomètre 19, à Chébelé, un ravin coupait la voie : il fallait le franchir. Un pont fut construit dont l'ouverture totale est de 156 mètres : les cinq grandes palées du milieu ont une hauteur de 18 mètres au-dessus du massif de maçonnerie. Ce pont, bâti tout en fer, semble être, suivant l'expression d'un explorateur, le chef d'œuvre d'une grosse araignée ayant tissé sa toile pour barrer la vallée. Le tablier de ce pont comprend une passerelle, bordée par une fosse béante entre les deux rails de la voie.

Un pont de construction identique, fut également jeté au-dessus du Holl-Holl au kilomètre 52.

Les traverses qui servent à relier les rails sont en acier. Elles sont fort cassantes, mais leur emploi s'imposait car des traverses de bois n'auraient eu qu'une durée éphémère, grâce aux termites, qui les pénètrent et les réduisent bientôt en poussière.

L'écartement de la voie est d'un mètre ; les pentes ne dépassent pas o m. o35 ; enfin le rayon des courbes le plus faible est de 100 mètres.

Les travaux jusqu'au kilomètre 90 se sont faits sous la protection des autorités françaises qui ont installé deux petits postes : l'un, au kilomètre 46, est établi sur une hauteur très escarpée qui domine les fonds de plusieurs ravins, l'autre non loin du kilomètre 56 domine les vallées du Holl-Holl et du Louré. Ces postes étaient encore occupés en mai 1899 par des soldats soudanais de l'armée française mais depuis que les troupes ont été retirées de notre colonie, des soldats abyssins, à la solde du gouvernement de Djibouti y ont été établis.

Après le kilomètre 90, nous entrons dans le territoire dépendant de l'Abyssinie. Ce sont les troupes de Ménélick qui protègent la construction de la voie. Des soldats abyssins ont en effet été mis par le ras Makonnem à la disposition des entrepreneurs pour repousser les attaques des Issas et faciliter l'avancement des travaux.

Le matériel roulant de la compagnie se compose de locomotives Winthertur et de wagons de fabrication française. Les locomotives ont deux foyers permettant de brûler alternativement soit du pétrole soit du charbon : elles sont ainsi à l'abri de tout arrêt amené par le manque total d'un de ces combustibles. Les wagons sont bien installés. Ceux de voyageurs, munis de doubles parois entre lesquels l'air circule, remplissent toutes les conditions de confort nécessaire pour la traversée des déserts brûlants.

La durée du voyage entre Djibouti et Addis-Harrar sera de 13 heures, soit environ 30 kilomètres à l'heure, alors que par caravanes il fallait 25 jours au moins.

Un voyageur accomplissant tout le parcours paiera en wagon-salon avec un minimum de quatre personnes 2 fr. par km.

En 1re classe le prix sera de 1 fr. par km.

En 2e classe » » 0,30 »

En 3e classe » » 0,08 »

Cette troisième classe sera spécialement réservée aux indigènes.

Les marchandises trouveront tout avantage à employer la voie du chemin de fer. La compagnie espère bien accaparer tout le commerce avec le Harrar : elle base ses calculs sur un trafic minimum de 10.000

tonnes à 270 fr. de frais par tonne. De ce chef 2.700.000 fr. sont payés aux caravaniers. Ce chiffre donne une certitude de bénéfices à la Compagnie et il ne représente que l'infime partie du trafic futur.

Quels seront les prix pour le transport des marchandises, quand le chemin de fer sera complètement terminé jusqu'au Harrar ?

Ces prix ne seront pas sensiblement diminués pour les produits riches : ils paieront tout ce qu'il sera possible de leur faire payer ; ils bénéficieront cependant de l'inutilité d'un emballage coûteux qui ne mettait pas toujours ces marchandises à l'abri des risques d'un long voyage. Pour les marchandises bon marché, le principe consistera à ne leur faire payer que ce quelles pourront payer et pas plus : notamment les grains auront des tarifs aussi réduits que possible qui s'abaisseront jusqu'à 30 fr. la tonne et même moins si cela est nécessaire.

Cette voie commerciale est ouverte officiellement depuis le 14 juillet 1900.

Le chemin de fer, il est vrai, ne s'avance pas beaucoup plus loin que le kilomètre 108, mais la Compagnie s'est chargée, à ses risques et périls, du transfert des marchandises à travers le désert. Elle a passé un traité avec des particuliers pour l'organisation de caravanes qui transporteront les marchandises du point terminus de la ligne de Harrar et inversement.

Le prix de revient des transports dans ces conditions sera le même que le prix ancien par caravane, mais les négociants bénéficieront d'une plus grande rapidité et enfin n'auront plus les soucis et les ennuis inhérents à la formation d'une caravane.

Enfin, comme complément au chemin de fer, un service de cabotage vient d'être établi à Djibouti, qui relie entre elles les villes de Tadjourah, Djibouti Zeilah et Aden.

Ce service régulier entre notre colonie et Aden aidera à détourner par Djibouti les produits qui s'embarquent à Zeilah pour la côte de l'Arabie. Puis peu à peu Djibouti deviendra le marché ou se traiteront les affaires et c'est dans son port que s'embarqueront (1) à destination de l'Europe les marchan-

1. Font déjà escale à Djibouti les bateaux des Compagnies suivantes :

a. Compagnie des Messageries maritimes, une fois par mois à l'aller et au retour.

b. Compagnie havraise péninsulaire, un départ mensuel du Havre.

c. Compagnie nationale de navigation, un passage par mois à l'aller seulement.

d. Compagnie anglaise Arabian Persian, service mensuelle à l'aller seulement.

dises venues de l'Abyssinie, c'est dans notre comptoir que débarqueront les produits manufacturés du vieux continent et d'Amérique. Le chemin de fer aura créé une ville prospère qui, sans lui, n'eût jamais été qu'une bourgade : c'est grâce à lui qu'elle atteindra au développement qu'il lui est permis d'espérer aujourd'hui.

e. Compagnie du Lloyds autrichien ne touche à Djibouti que pour le fret.

Prix du fret : Compagnies françaises 3o à 35 francs le mètre cube, 4o à 45 francs la tonne suivant la nature des marchandises.

Compagnie anglaise 3o à 35 francs le mètre cube 33 à 45 francs la tonne.

CHAPITRE VI

On a beaucoup parlé, ces temps derniers, des points d'appui de la flotte, et des études diverses ont été faites sur la défense des colonies.

Mais tandis que les Anglais ont accumulé des places fortes le long de la route de l'Inde, il semble que Djibouti n'ait pas été considéré comme un poin assez important pour en préconiser la défense et pour en faire un port de refuge pour nos vaisseaux.

Cependant, la situation de Djibouti devrait retenir l'attention. Il est, au même titre qu'Aden, la clef du détroit de Bab-el-Manded et commande ainsi la mer Rouge. Son port, complètement abrité contre les vents de moussons, si redoutables à Obock, est excellent et d'un abord très facile, de jour comme de nuit.

Des phares, dont le principal est celui d'Ayabelé, et une pyramide blanche élevée sur le bord de la mer servent de points de repère : la nuit, des bouées, sur lesquelles sont placées des feux fixes, indiquent l'entrée du port, où l'on accède par un chenal balisé.

Ce port, tel qu'il existe, permet à une vingtaine de navires de fort tonnage d'y mouiller sans se gêner aucunement : ce nombre pourrait être doublé, sans aucun inconvénient, en assignant à chaque navire son mouillage.

Une jetée a été construite par le gouvernement dès le début de l'occupation de Djibouti : elle ne peut servir qu'à l'embarquement des passagers, ainsi qu'à l'accostage des boutres de 15 à 20 tonneaux, qui restent échoués à marée basse, l'accostage ne pouvant avoir lieu pour les boutres qu'à pleine mer. Les embarcations peuvent toujours accoster à l'extrémité de la jetée, où, dans les plus basses marées, il existe toujours près de 0 m. 80 d'eau.

Cette jetée était insuffisante ; aussi une Société privée a entrepris d'en construire une autre. Cette nouvelle jetée aura une longueur de 900 mètres, et les derniers 150 mètres seront en eau profonde de 8 à 9 mètres pour permettre à tout navire d'y accoster. Une voie ferrée viendra jusqu'à son extrémité, où des appareils perfectionnés permettront le transbordement rapide des marchandises des cales sur les wagons et vice-versâ.

Mais le port de Djibouti n'est pourvu d'aucun moyen de défense et une simple· compagnie de débarquement suffirait pour s'en emparer. C'est d'ailleurs ce qui faillit arriver lors du conflit de Fachoda. A ce moment, en effet, l'Angleterre tenait prête à Aden une petite troupe de 100 à 120 hommes avec la mission de s'établir sur notre possession aussitôt la guerre déclarée. Cette troupe n'eut trouvé aucune résistance, car Djibouti ne possède pas de troupe européenne pour s'opposer à une attaque de son territoire. Seule une milice composée d'une centaine d'indigènes, est chargée d'assurer la sécurité dans le pays.

Peut-être pourrait-on imiter les Anglais, qui, à Aden, entretiennent de l'artillerie, de l'infanterie et de la cavalerie, et ont en station dans le port une ou deux canonnières ou avisos-transports, destinés à transporter les troupes là où leur présence est nécessaire.

Assurément Aden était plus facilement défendable que ne l'est Djibouti, car la masse rocheuse sur laquelle est assise la ville domine la mer et consti-

tue par elle-même une défense naturelle. Djibouti,
au contraire, est fort peu élevé au-dessus de la mer ;
cependant on pourrait facilement le mettre à l'abri
d'un coup de main sans cependant espérer le voir
résister longtemps à l'attaque d'une escadre un peu
forte.

Est-ce à dire qu'il faille abandonner tout espoir
d'avoir dans l'Océan Indien un port où les vaisseaux français puissent trouver un abri en temps de
guerre ?

C'est l'avis de quelques-uns. D'autres au contraire préconisent l'aménagement d'une baie qui se
trouve au fond du golfe de Tadjourah : la baie du
Gubbet-Khara.

La baie du Gubbet a une longueur de 20 kilomètres sur une largeur de 12 kilomètres. Elle est fer-
mée par un goulet très étroit divisé en deux parties
par une petite île. La grande passe n'a que 2 à
4 mètres de profondeur ; la petite passe comprend
des fonds de 30 à 40 mètres sur une largeur de
160 mètres ; les plus grands navires pourraient donc
y passer. C'est cette baie qu'il faudrait fortifier,
dit-on, et qui deviendrait le véritable port de
refuge.

La petite baie secondaire de l'Etoile, située dans
le Gubbet, serait, d'après les promoteurs du projet,

le point de mouillage des navires. Elle est située près du goulet, au nord du Gubbet, et est complètement masquée par des falaises: Sa longueur est de deux kilomètres et sa largeur de 800 mètres ; enfin la profondeur près du bord est de 10 mètres.

Il serait facile de rendre cette situation inexpugnable. Le goulet serait facilement défendu au moyen de torpilles et de batteries établies sur les falaises qui dominent le Gubbet.

Le ravitaillement de ce port pourrait se faire en le reliant à la ligne Djibouti-Harrar.

Sans doute le climat de cette région est fort dur, mais Aden, n'est-il pas le point le plus chaud du globe, et les Anglais n'ont pas hésité à s'y établir ; de plus, tandis que dans la ville anglaise l'eau est produite par des appareils de distillation quand les citernes sont asséchées, ce qui a lieu fréquemment, on trouve de l'eau potable sur les rives du Gubbet.

Enfin la proximité de monts élevés avoisinant la baie, notamment la Goudda d'une altitude de 1.700 mètres permettrait, en établissant un sanatorium, de créer un lieu de repos pour les troupes de Djibouti et du Gubbet.

La défense de Djibouti, considéré isolément, eut été presque impossible ; mais Djibouti, appuyé sur le Gubbet, prend une tout autre importance. Quelques ouvrages, tels que l'établissement de batteries sur les îles Muscha et sur la presqu'île du Héron y apporteraient des éléments de défense très suffisants.

Mais pour le moment, Djibouti n'a aucune protection militaire et semble devoir attendre encore longtemps que les pouvoirs publics se préoccupent de cet état de choses. Des raisons budgétaires, sans doute, sont cause de cet oubli, mais il faut espérer que si Djibouti n'a pas eu sa part dans les crédits votés cette année, afin de pourvoir à la défense des colonies, il n'en sera pas toujours ainsi. Il ne faut pas que tant d'efforts déjà dépensés dans notre colonie ne servent qu'à enrichir nos rivaux, en leur permettant de s'emparer d'un point qu'ils envient et qui, une fois en leur possession, serait sans doute perdu pour la France.

CHAPITRE VII

Il est évident que nos navires allant en Indo-Chine ont besoin d'un point intermédiaire entre nos ports de la Méditerranée et Saïgon.

Jusqu'à notre établissement sur la côte des Somalis. C'est Aden qui bénéficiait de cette nécessité pour nos armateurs de se ravitailler en charbon et en vivres (1). C'est à Djibouti qu'il faut, à présent, attirer les vaisseaux pour qu'ils y viennent prendre leur charbon, faire une nouvelle provision d'eau douce et s'approvisionner de vivres frais.

Dans un rapport sur le budget de la marine de 1898, M. de Kerjégu donne des renseignements précis sur le rayon d'action de nos navires de guerre.

1. Les bateaux de la Compagnie des Messageries maritimes prenaient à Aden 25.000 tonnes de combustible par an.

Pour les cuirassés d'escadre et les croiseurs cuirassés il y a égalité sensible dans la vitesse et le rayon d'action. Or, le rayon d'action, à la vitesse maximum, varie de 800 à 1.200 milles (1.852 mètres) pour les cuirassés d'escadre, et de 900 à 1.200 milles pour nos croiseurs avec l'approvisionnement normal de houille.

La vitesse maximum est de 20 milles à l'heure pour les cuirassés et de 21 milles pour les croiseurs.

Prenons comme moyenne de rayon d'action 1.000 milles, l'approvisionnement normal de ces bâtiments correspond à 50 heures de marche à la vitesse maximum.

Mais le rayon d'action augmente à mesure que la vitesse diminue : les mêmes navires, à la vitesse réduite de 10 milles, pourraient parcourir un trajet trois ou quatre fois plus long ; en d'autres termes leur rayon d'action est en raison inverse de la vitesse.

Or, de Toulon à Tamatave, la distance est de 5.082 milles, à Saïgon 7.150 milles, à Haïphong 7.791 milles. Même à la vitesse réduite de 10 milles aucun de nos cuirassés ou croiseurs ne pourrait parvenir à Madagascar ni à Saïgon avec l'approvisionnement normal de houille. Il faut donc un point intermédiaire de ravitaillement.

Djibouti remplit les conditions nécessaires. Il est à moins de 3.000 milles de Toulon et à 3.000 ou 4.000 milles de Saïgon et Tamatave, distance qui n'excède pas le rayon d'action de nos cuirassés à une vitesse moyenne (1).

Aussi la Compagnie des Messageries Maritimes ayant établi un dépôt de charbon à Djibouti, l'Etat a passé un traité avec elle pour pouvoir s'y approvisionner au prix de revient du combustible dans notre colonie.

Une Compagnie est en voie de formation à Djibouti, qui espère livrer le charbon à 36 francs la tonne tandis que à Perim et à Aden il est à 43 fr. la tonne. Un îlot artificiel, créé sur un banc de corail situé dans la rade, servira de parc, et les navires accostant à quai pourront charger avec rapidité. Le peu de fret deretour que trouvaient les navires charbonniers à Djibouti était jusqu'à présent cause de cette cherté du charbon, mais grâce au développement commercial, que l'on peut prévoir, ces navires trouveront à charger dans notre colonie des marchandises de toute sorte, ce qui leur permettra d'abaisser leur prix de transport.

1. Article de M. Henriqne. *Journal de la Politique Coloniale.*

Djibouti est bien plus favorisé qu'Aden sous le rapport de l'eau.

Comme nous l'avons déjà dit, Aden ne doit compter que sur des appareils pour distiller l'eau de mer, et sur d'immenses citernes où est recueillie l'eau des pluies qui sont si rares, que d'après le comte Russel, « Aden a passé huit ans sans voir tomber de pluie ».

Au contraire, à quatre kilomètres de Djibouti, au point appelé Ambouli, il existe une nappe d'eau souterraine : cette nappe d'eau, dont l'origine est incertaine, provient probablement de l'eau des pluies qui tombent sur le plateau abyssin, ou peut-être d'une dérivation de l'Aouache, un des grands fleuves d'Abyssinie.

Une Compagnie s'est formée qui distribue l'eau à Djibouti.

La captation a lieu au moyen d'une galerie à voûte cimentée dont les parois inférieures sont en pierres sèches à travers lesquelles s'infiltre l'eau de la nappe souterraine. Cette eau est élevée dans des réservoirs d'où elle se déverse sur la ville.

La compagnie peut donner environ 600 mètres cubes d'eau par jour à des prix variant de 0 fr. 50 à 2 fr. le mètre cube.

Elle espère doubler ce débit par de nouveaux travaux et bientôt les habitants de Djibouti auront autant d'eau qu'ils pourront en désirer.

Cette même Compagnie a installé une usine à glace et a le monopole de cette fabrication pendant 10 ans : elle fonctionne depuis juin 1899 et déjà en mars 1900 ses recettes atteignaient 2.500 fr. Le prix du kilogramme de glace est de 0 fr. 40 en moyenne.

Cette facilité de se pourvoir d'eau et de glace à bon marché attirera tous les navires à Djibouti. D'ailleurs des traités sont sur le point d'être passé entre la Compagnie des eaux et plusieurs Compagnies de navigation qui donnent ainsi un exemple qui sera bientôt suivi par tous.

Déjà les troupeaux qui paissent l'herbe rare du désert, permettent d'avoir de la viande fraîche à des prix très peu élevés (1) ; le Harrar enverra bientôt ses légumes et ses fruits dans toute leur fraîcheur. Peut-être verrons-nous un jour Djibouti contribuer par ses produits agricoles au ravitaillement des navires. Mahomet n'a-t-il pas dit : « Plantez-un bâton dans le sol jaune de la steppe, arrosez-le d'un filet d'eau, l'an prochain vous aurez un arbre ». Des essais ont été faits en ce sens. A Ambouli des jar-

1. Mouton : 8 à 12 fr.
Bœuf : 40 à 50 fr.
Chèvre : 3 à 20 fr.

dins sont nés qui doivent leur existence à la proximité des puits. De petits propriétaires y cultivent des plantes maraîchères, du coton, des palmiers et des dattiers.

A 8 kilomètres de Djibouti sur la route de Zeilah près de la mer, un agriculteur français a tenté des cultures de quelque importance. Voici ce que dit le *Journal de Djibouti* : « Les pommes de terre sont cultivées en grand. Les plantations de coton, originaire de la Louisiane et de la Géorgie, dont la longue soie est universellement appréciée, sont considérables. Des essais de plantation de tabac, d'arachides et de betteraves sucrée sont parfaitement réussi. Les bananiers et les dattiers ont été transplantés au nombre de deux cents et se développent avec rapidité ». Mais le *Journal* ajoute : « Et pourtant nous nous garderons d'engager les colons de France à venir ici pour suivre la même voie. »

Cette culture nécessite, en effet, l'engagement de capitaux énormes. Il faut creuser de nombreux puits, entretenir des indigènes pour arroser constamment, défricher le terrain ou plutôt débarrasser le sol des cailloux qui le couvrent. Ces travaux faits, la proximité du Harrar, auquel notre colonie sera bientôt jointe par le chemin de fer, ne permettra pas aux colons établis sur la côte des Somalis de lutter avec les agriculteurs de ce pays fertile, qui pourront envoyer sur le marché de Djibouti des produits d'un bon marché extrême.

Cependant on ne saurait trop encourager les plantations de palmiers et de dattiers qui, s'ils ne sont pas la source de bénéfices pécuniaires, doivent par ce reboisement artificiel amener un changement très heureux dans le régime des pluies (1).

Djibouti ne peut donc produire les fruits et les légumes en quantité suffisante ; mais les envois du Harrar permettront d'attirer les navires dans notre port et leur passage régulier amènera la prospérité dans notre colonie où ils trouveront bientôt tout ce qu'ils étaient obligés d'aller chercher à Aden.

1. Les pluies de mars à octobre 1899-1900 ont été beaucoup plus abondantes que de contume.

CHAPITRE VIII

DJIBOUTI ET ADEN

Un rapide aperçu de ce qu'est devenu le port d'Aden justifiera l'espoir qu'il est permis de fonder sur Djibouti.

Aden était déjà au temps des Romains un entrepôt célèbre ; cependant ceux-ci le détruisirent, après avoir conquis l'Egypte, dans la crainte de voir tomber ce port dans des mains ennemies et de perdre ainsi le monopole du commerce avec l'Inde. On ne sait à quelle époque Aden fut rebâti, mais du xi au xvi siècle, il fut le seul entrepôt du commerce de l'Orient. La découverte de la route maritime vers les Indes, par le Cap de Bonne-Espérance, amena sa décadence rapide et il ne reprit son ancienne importance qu'après son occupation par l'Angleterre. Celle-ci se fit céder le territoire d'Aden moyennant une pension de quelques centaines d'écus à l'effigie de Marie-Thérèse payée au sultan de Lahedj.

En 1839, aucune puissance européenne ne songeait encore à s'établir dans ces parages ; les Anglais avaient donc le libre choix de l'emplacement à occuper. La nécessité de créer un place forte leur fit choisir Aden.

Aden est formé de deux villes différentes, l'une Steamer-point est située près du port où touchent les bateaux et où une flotte entière pourrait évoluer, l'autre, la cité proprement dite, est bâtie sur les pentes d'un volcan éteint.

Deux masses de rochers d'une hauteur de 300 à 400 mètres se trouvent à l'entrée du port. Le Djebel Hassan arrête les vents du sud-ouest, tandis que le Djebel Shamsham ferme à l'est la rade, qui offre ainsi toute sécurité. Aussi les Anglais portèrent-ils tous leurs efforts sur la défense de cette place. De puissantes fortifications, rappelant celles de Gibraltar, ont été créées sur le cratère même du Djebel Shamsham dans une position inexpugnable.

Des citernes immenses encavées dans le flanc de la montagne furent construites, qui peuvent contenir plus de 40.000 tonnes d'eau mais sont souvent à sec.

La création du port d'Aden ne répondait qu'au

désir des Anglais de jalonner la route vers l'Orient de places fortes où leurs navires trouveraient aide et protection. Aussi ce port fut-il tout naturellement placé sous l'autorité du gouvernement des Indes dont le budget pourvoit à toutes les dépenses.

C'est aussi de l'Inde qu'est envoyée annuellement la garnison, qui, elle-même, détache des troupes à Perim, Berberah et Zeilah, pour faire respecter l'autorité anglaise dans ces parages. Simple place forte au début, Aden ne tarda pas à attirer tout le commerce de la côte orientale de l'Afrique. Sa situation sur une côte aride et brulée par le soleil, où la terre est improductive sur une profondeur de trente à cinquante kilomètres, l'obligea à se ravitailler au loin.

A l'intérieur des terres, en Arabie, au delà de cette région déserte on trouve un sol assez fertile dont la production ne suffit cependant pas aux besoins du port.

La nécessité de se pouvoir ailleurs et l'impossibilité de tout faire venir d'Europe décidèrent les Anglais à établir quelques stations sur la côte africaine afin d'attirer les richesses de l'intérieur et de s'approvisionner facilement. C'est à cela que Zeilah, Berberah, Boulhar durent leur création. Ces comptoirs ne sont en somme que la conséquence de l'organisation d'Aden (1).

Ces petits établissements virent bientôt affluer les produits africains; un véritable courant commercial s'établit alors vers Aden, qui centralisa toute la production du Choa et du Harrar et devint le grand marché de cette région.

L'ouverture du canal de Suez ne fit qu'augmenter l'importance du port anglais. Placé sur la nouvelle route vers l'Orient, elle bénéficia de l'augmentation du commerce maritime qui fut la conséquence du percement de l'isthme. Grâce à sa création déjà ancienne, les navires étaient sûrs d'y trouver de nombreuses ressources : d'ailleurs, c'était alors le seul port qui existât à la sortie de la mer Rouge.

La population augmenta rapidement; elle dépasse à présent le chiffre de 40.000 habitants. Les Arabes y sont en minorités. Les Hindous en forment l'élément principal : de nombreux Somalis sont également venus s'établir à Aden et forment un noyau assez important ; des Juifs, attirés par la prospérité de la ville, y ont apporté leur science du commerce ; enfin il existe une colonie importante de Parsis.

Des Européens ont fondé à Aden d'importantes

1. Rapport de M. Suais, ingénieur, sur la situtation générale d'Obock (31 décembre 1886).

maisons de commerce qui ont prospéré rapidement.

Le trafic est, en effet, extrêmement important dans ce petit port. Sept compagnies de navigation desservent Aden et vont y prendre les marchandises qui sont amenées principalement de Zeilah, par un service de petits vapeurs (1).

L'exportation de café à Aden atteignait en 1898 le chiffre de 85.643 balles dont 33.517 ont été importées en France par des navires de diverses nationalités (Messageries maritimes, 31.129). La même année Aden exportait pour 23.213 balles de peaux dont 784 en France par les Messageries maritimes.

Les cuirs représentent un chiffre de 2.069 balles, les gommes 9,896 balles (2).

Enfin l'encens, le benjoin, la myrrhe, la nacre, l'ivoire, les tissus, etc, etc. représentent un total de 12.942 colis.

Djibouti est loin d'atteindre à cette importance commerciale, mais nous avons vu qu'il faut s'attendre à voir dans un avenir prochain une grande partie du trafic qui se fait à Aden se localiser dans notre

---

1. En 1898, 235 navires ont pris du chargement à Aden, dont 41 pour la Compagnie des Messageries maritimes.

2. Le poids moyen d'une balle de café   est de   80 kg.
    —   —   de peaux — 142 kg.
    —   —   de cuirs — 239 kg.
    —   —   de gommes — 95 kg.

port. Djibouti n'existe que depuis une dizaine d'années, tandis qu'Aden a pu, pendant cinquante ans, se développer sans avoir à craindre aucune concurrence.

Il n'est donc pas étonnant de voir cette différence assez forte qui existe entre les chiffres fournis par la Compagnie des Messageries maritimes pour l'exercice 1899.

A l'exportation les paquebots de cette Compagnie ont transporté :

De Djibouti, 1.498 colis d'une valeur de 94.000 francs.

D'Aden, 35.269 colis d'une valeur de 231.120 francs.

A l'importation il a été transporté :

A Djibouti, 28.561 colis représentant une valeur de 1.076.535 francs.

A Aden, 8.944 colis valant 10.000 francs.

Le chiffre des importations à Djibouti est de beaucoup supérieur à celui des colis importés à Aden. On ne peut malheureusement pas attribuer cela à la supériorité de Djibouti, mais aux nombreuses constructions qui ont été faites dans notre colonie et surtout à l'établissement de la voie ferrée.

Une maison française d'Aden va établir une succursale à Djibouti donnant l'exemple de la confiance qu'on doit avoir dans l'avenir de notre comptoir. Souhaitons que cet exemple soit suivi par tous ceux qui connaissent l'excellente position de notre port. C'est à des commerçants que Djibouti doit sa créa. tion ; c'est à eux qu'elle devra son prompt développement.

CONCLUSION

La conclusion de cette étude est que nous occupons un point très important sur la côte orientale de l'Afrique.

Cette importance est basée sur la position de Djibouti à l'entrée de la mer Rouge et sur la proximité d'un grand empire où le commerce et l'industrie ne peuvent que se développer.

Djibouti est avant tout un port de commerce, le port de l'Abyssinie. Espérons que les relations très cordiales que nous entretenons avec Ménélick faciliteront son développement. Mais il est à désirer que le métropole ne se désintéresse pas de la défense du port d'où pénétrera notre influence sur le continent africain. On sait la lutte qui a lieu tous les jours autour du Négus, entre les représentants des nations, pour obtenir sa confiance. Grâce à sa modération la

France a l'avantage. Il faut en profiter et nous maintenir à Djibouti tête de ligne de la voie ferrée, que Ménélick appelle : « Mon chemin de fer ».

Vu par le président de la thèse,
J. LEVEILLÉ.

Vu par le doyen,
GLASSON.

VU ET PERMIS D'IMPRIMER :
Le vice-recteur de l'Académie de Paris,
GRÉARD.

TABLE DES MATIÈRES

Laval. — Imprimerie parisienne L. BARNÉOUD & Cⁱᵉ.